"L'ECONOMIA DELLE AZIENDE SPORTIVE.

ANALISI IMPRENDITORIALE DELLE SOCIETA' DI CALCIO

PROFESSIONISTICHE".

Titolo: L'economia delle Aziende sportive. Analisi imprenditoriale delle Società di calcio professionistiche

Autore: Leonardo Ammazzalorso

Codice ISBN: **9798394470554**

Casa editrice: **Independently published**

Edizione: anno 2007

L'economia delle Aziende sportive. Analisi imprenditoriale delle Società di calcio professionistiche

<u>INDICE</u>

INTRODUZIONE

Lo scopo del presente lavoro è quello di studiare il fenomeno delle aziende sportive, e soprattutto quello delle società calcistiche, nei suoi aspetti sia formali che sostanziali.

Lo sport oggi, al di là del puro passatempo, a partire dal livello dilettantistico, è diventato un'attività che si estrinseca in un complesso sistema dai risvolti sia economici che sociali.

Con la trasformazione delle associazioni sportive in società aventi fine di lucro (D. L. 20 settembre 1996, n. 485), lo sport ha assunto sempre più i connotati di "business" e, di conseguenza, anche la dottrina economica si è progressivamente interessata
al fenomeno.

Le società sportive, seppur con le loro peculiari caratteristiche, cominciano ad essere considerate vere e proprie *imprese di servizi*, che, come ogni altra azienda, devono perseguire obiettivi inerenti all'efficacia e l'*efficienza*.
Si cercherà di capire come si è passati quindi dalla concezione di azienda a quella di impresa sportiva, facendo particolare riferimento ai club calcistici, con i conseguenti mutamenti nelle strategie e nei fini perseguiti.

Negli attuali scenari competitivi una società calcistica deve essere ormai gestita con gli stessi strumenti propri delle altre imprese, strumenti la cui utilizzazione diventa indispensabile per il raggiungimento di un adeguato equilibrio economico e finanziario.
Se così non fosse, sarebbe difficile comprendere perché hanno assunto una rilevanza tanto importante nel settore del calcio concetti come quelli di marketing, finanza aziendale, profitto, strategia, controllo di gestione, management, ecc.....

Nella prima parte del lavoro verrà inizialmente fatta una descrizione relativa allo sport in Italia, trattando gli aspetti che principalmente riguardano l'evoluzione di questo ambiente, passando poi successivamente all'analisi dei provvedimenti normativi che hanno sancito la trasformazione delle società sportive negli anni, con particolare riferimento alla Sentenza Bosman e alla legge n. 91 del 23 marzo 1981,concludendo il discorso facendo riferimento all'organizzazione delle società sportive, attraverso la definizione vera e propria di un organizzazione sportiva, degli organigrammi tipici delle nuove società in relazione agli aspetti di imprenditorialità ,managerialità e delle figure professionali che le caratterizzano.
La seconda parte, invece, pone attenzione principalmente al mondo del calcio e alla sua evoluzione negli ultimi anni, cercando di comprendere quali siano state le vere motivazioni che lo hanno portato, con circa 240 milioni di persone, ad essere lo sport più praticato del mondo, ma anche lo sport più seguito, soprattutto nel nostro paese, con circa 37 milioni di spettatori. Delineando successivamente quello che può essere l'assetto organizzativo e l'organigramma tipico delle moderne società di calcio professionistiche.
Per quel che riguarda invece la terza parte, si pone attenzione principalmente all'aspetto economico dei club di calcio professionistici ,prendendo inizialmente in considerazione le varie possibilità di business che si sono affacciate in questo mondo soprattutto negli ultimi 15 anni, ossia marketing, sponsor, diritti tv, merchandising, ecc.....analizzando anche l'aspetto che ha reso ancora di più la possibilità di considerare una squadra di calcio come una vera e propria impresa, ossia la possibilità di una sua quotazione in borsa. Concludendo il discorso ponendo l'attenzione sulla struttura del bilancio delle società di calcio, e le norme da rispettare in sede di redazione dello Stato Patrimoniale e del Conto Economico, in base ai sensi degli articoli 2424 e 2425 del Codice civile.

Il presente lavoro, dunque, analizzati i principali fatti storici che hanno caratterizzato e modificato nel corso degli anni il mondo del calcio e dello sport in generale, vuole fare una *"fotografia"* dello stato attuale di quella che è una realtà economica in continuo e costante sviluppo.

PARTE 1: L'EVOLUZIONE DELLO SPORT E DELLE SOCIETA' SPORTIVE

1.1 Lo sport in Italia

Il termine sport nasce come sinonimo dell'attività fisica nel tempo libero, attività compiuta al fine di migliorare e mantenere in buona condizione l'intero apparato psico-fisico umano e di intrattenere chi le pratica o chi ne è spettatore. Lo sport può essere praticato singolarmente o in gruppo ("sport di squadra"), senza fini competitivi oppure gareggiando contro altri sportivi. In quest'ultimo caso si parla di agonismo sportivo.

Dalla metà degli anni Ottanta le motivazioni e le attività sportive dei cittadini sono profondamente cambiate. Non si fa più sport solo per battere un record, per vincere un campionato, per raggiungere una prestazione di valore assoluto. Sono oggi, milioni i cittadini che si avvicinano alla pratica sportiva spinti da motivazioni differenti, come ad esempio quello di migliorare la propria qualità della vita. Anche lo sport dei campioni è molto diverso, diritti televisivi, merchandising, quotazioni in borsa delle società sportive, moltiplicazione degli eventi, la natura stessa dello spettacolo sportivo è cambiata, affiancando alla ricerca del successo tecnico-agonistico quella di un'efficace gestione economica.

Infatti, tra sport e-business c'è sempre un continuo intreccio, basti solo pensare al giro economico generato dai milioni di praticanti di base e dalle loro spese per servizi impiantistici, tecnico-sportivi e logistici, per equipaggiamenti e per ogni altro aspetto organizzativo, senza menzionare il business intorno allo sport professionistico generato dal costo dei biglietti delle manifestazioni, sponsor, diritti televisivi, merchandising, etc.[1]

Per quel che riguarda l'Italia lo sport è un comparto che genera una delle più importanti attività italiane per volume d'affari diretto e indotto. Infatti, in Italia vengono venduti beni e servizi sportivi per quasi 25 milioni di euro.

Attualmente lo sport contribuisce a creare più del 3%, del Prodotto Interno Lordo Italiano ai prezzi di mercato, gli italiani destinano all'acquisto di beni e servizi legati allo sport il 3.3% della loro spesa annua per consumi, le aziende spendono per comunicare attraverso lo sport poco meno del 13% del loro budget totale per pubblicità e sponsorizzazioni, la spesa pubblica per lo sport rappresenta lo 0.5% della spesa pubblica consolidata globale.

Per quel che riguarda i praticanti sportivi, intendendo con questo termine coloro che lo praticano anche solo a livello amatoriale o personale, in Italia sono più di 13 milioni circa il 23% della popolazione italiana e di questi praticanti,4.5 milioni sono donne[2] .I tesserati sono quasi 8 milioni, va però ricordato che si tesserano non soltanto gli atleti ma anche i volontari, quelle persone che prestano la loro attività in modo gratuito, nella logica del puro volontariato.

Dal punto di vista degli impianti sportivi in Italia questo cono circa 120.000, l'impiantistica sportiva italiana, quantitativamente, ha fatto notevoli passi in avanti negli anni '80 con un aumento del 164%. A tale crescita impiantistica hanno contribuito alcuni fattori come l'attribuzione delle competenze sportive alle Regioni e l'invito rivolto ai Comuni di "spendere per lo sport". Il problema è quello relativo alla distribuzione, infatti nel Mezzogiorno è situato solo il 20% degli impianti sportivi, in più c'è da dire che il 56% delle strutture non è mai stato omologato dagli

---

[1] Baghero, Perfumo, Ravano: "Per sport e per business: è tutto parte del gioco" ed. FrancoAngeli;
[2] Fonte: www.stageup.it;

organismi sportivi nazionali e solo il 10% degli impianti sportivi è attrezzato con servizi per i portatori di handicap, sia come atleti che come spettatori [3].

Da un punto di vista prettamente generale nella società italiana lo sport è molto diffuso soprattutto tra i giovani. Ad esso viene attribuita la capacità di diffondere i valori quali lealtà, spirito di squadra e la cooperazione. Pur consapevoli di questa importante valenza educativa, però, le istituzioni scolastiche italiane, delegano l'attività sportiva alle società e alle associazioni sportive private, privilegiando una più generale (e forse più complessa) educazione fisica.

In Italia, a differenza di altri paesi europei come quelli anglosassoni, dove esiste una realtà che si basa soprattutto sui college e sull'attività svolta presso le università, il distacco dello Stato nei confronti dello sport, originato da motivazioni storiche, giustifica la mancanza di una seria programmazione politico sociale, che si ripercuote sulla situazione dell'arretrata legislazione sportiva e non consente di risolvere il nodo cruciale del finanziamento.

Infatti, noi in Italia rappresentiamo molto probabilmente un caso unico a livello internazionale: non è lo stato che finanzia lo sport (mediante, ad esempio, l'iscrizione in bilancio di un apposito capitolato di spesa) ma è lo sport che finanzia lo stato (tramite i "concorsi pronostici" dell'AAMS come "Totocalcio", "Totogol" e "Totosip", che attualmente attraversano anche periodi di difficoltà, e dagli ulteriori introiti derivanti dalle scommesse sportive).

L'organigramma sportivo italiano è basato su molteplici soggetti, distinti per funzione ma accomunati dal fine di promuovere (direttamente o indirettamente) la pratica sportiva, ad ogni livello. Lo Stato italiano ha inteso regolarizzare la gestione e l'organizzazione di questi soggetti istituendo il CONI, organo che disciplina per conto dello Stato tutti gli altri soggetti del mondo sportivo. Il CONI opera molto intensamente per quel che riguarda l'attività agonistica, verso il quale però si dirigono sempre crescenti critiche relative ad interessi economici che privilegerebbero alcune discipline mentre altre attività, cosiddette minori, verrebbero osteggiate nel loro sviluppo. Il movimento sportivo italiano da sempre ha avuto nel calcio il catalizzatore dell'attenzione mediatica e dei mezzi finanziari che nel corso del '900 sono aumentati in maniera esponenziale.

D'altronde, fino agli anni '90, il grande finanziatore dello sport italiano è stato proprio il calcio che, grazie al concorso a pronostici Totocalcio, aveva permesso a molte federazioni minori di esistere e favorire la pratica dello sport. La crisi del Totocalcio, legata all'introduzione di nuovi giochi statali e della legalizzazione delle scommesse sportive, ha avuto come conseguenza una forte crisi finanziaria del CONI e di tutto il movimento sportivo italiano.

A partire da questa situazione che si sono innalzate critiche nei confronti del settore dirigenziale dello sport italiano. Le critiche si concentrano sul fatto che il CONI, e le varie federazioni sportive, ormai privilegiano, per questioni di visibilità e sponsorizzazione, solo gli aspetti riguardanti il movimento di vertice delle varie discipline disinteressandosi del settore dilettantistico, che rappresenta circa il 90% degli sportivi in Italia, e degli effettivi problemi logistici e finanziari della base, la cui attività spesso e volentieri si fonda sul volontariato di gente comune.

---

[3] Dalle dispense:" Gli impianti sportivi in Italia" a cura di Cnel e del ministero dei Beni culturali;

1.1.1 Il C.O.N.I.

Il C.O.N.I., *"comitato olimpico nazionale italiano"*, è una organizzazione nata nel giugno del 1914 a Roma, come parte del Comitato Olimpico Internazionale (C.I.O.), con lo scopo di curare l'organizzazione e il potenziamento delle attività sportive sul territorio nazionale, attraverso le federazioni nazionali sportive ed in particolare la preparazione degli atleti al fine di consentirne la partecipazione ai Giochi Olimpici.

Oggi il CONI con la figura dell'attuale presidente G. Petrucci è presente in 102 Province e 19 Regioni e riconosce:

- 45 federazioni sportive nazionali;
- 15 discipline associate;
- 17 Enti di promozione sportiva nazionale e 1 territoriale;
- 18 associazioni benemerite;

A questi organismi aderiscono circa 65.000 società sportive per un totale di circa 8 milioni di tesserati (tra atleti e volontari).

Lo statuto del C.O.N.I. ha subito nel corso del tempo numerose modifiche, l'ultima risale al 2004 che attraverso l'approvazione Ministeriale considera il CONI come la" Confederazione *delle Federazioni sportive nazionali*" (FSN) e delle *"discipline sportive associate"* (DSA), ed è posto sotto la vigilanza del Ministero per i beni e le attività culturali.

Il nuovo statuto non si limita a spiegare il significato della sigla "C.O.N.I.", ma con i suoi 36 articoli ne specifica subito i compiti, l'organizzazione centrale e territoriale, la gestione delle FSN e delle discipline sportive associate[4].

Non si può non menzionare le modifiche apportare dal Decreto Melandri per il riordino del CONI[5], con tale decreto furono apportate numerosi cambiamenti tra cui:

- Il cambio del ministero di appartenenza del CONI, che dal Ministero del Turismo e Spettacolo è passato al Ministero per i beni e le attività culturali;
- Vengono modificati alcuni suoi compiti istituzionali, rivolgendo particolare attenzione *"alla prevenzione e repressione dell'uso nell'ambito sportivo di sostanze che alterano le naturali prestazioni fisiche degli atleti nelle attività sportive..."*;
- Nella sezione relativa agli organi dell'Ente, la trasformazione della "giunta esecutiva" in "giunta nazionale" e l'istituzione di un nuovo organo,"il comitato nazionale lo sport per tutti" al fine di perseguire la massima diffusione della pratica sportiva;
- La possibilità per il CONI di costituire società di capitali, da esso controllate, per l'esercizio di attività economiche inerenti alle proprie funzioni, ai fini di uno snellimento burocratico e per una migliore funzionalità dell'ente;
- La natura delle FSN, ricordando che hanno natura di associazione con personalità giuridica di diritto privato, esse non perseguono fini di lucro e sono disciplinate dal Codice civile;

---

[4] Art .1 Definizione: " Il Comitato Olimpico Nazionale Italiano, di seguito denominato "CONI", è la Confederazione delle Federazioni sportive nazionali (FSN) e delle Discipline sportive associate (DSA). Il CONI, regolato dal D.lgs. 23 luglio 1999, n. 242, e successive modificazioni ed integrazioni, e dalla Carta Olimpica, è autorità di disciplina, regolazione e gestione delle attività sportive, intese come elemento essenziale della formazione fisica e morale dell'individuo e parte integrante dell'educazione e della cultura nazionale. Il CONI è posto sotto la vigilanza del Ministero per i beni e le attività culturali;

[5] D.L. 23/07/99, n°242: "Riordino del comitato olimpico nazionale, a norma dell'art. 11 della legge 15/03/97, n°59";

Da un punto di vista economico-finanziario è al CONI che confluiscono i fondi che finanziano tutto il mondo sportivo italiano ed è proprio al CONI che vigilano i presidenti delle varie Federazioni Sportive Nazionali per concordare un 'equa ed esplicita suddivisione delle risorse.
I criteri che presidiano la gestione della strategia economica-finanziaria dello sport a livello nazionale sono molteplici, possiamo enunciare il *principio dell'armonia,* che deve garantire uno sviluppo globale di tutto il movimento sportivo cioè che tutte le attività sportive siano adeguatamente protette.
Un secondo criterio è il *principio dell'efficienza nella continuità, se* il CONI non esistesse, il mondo dello sport verrebbe gestito da un apposito ministero, ma è pura utopia chiedere a un governo di collocare e mantenere al centro dei suoi interessi lo sport.
Un terzo criterio che dovrebbe ispirare le strategie finanziarie del CONI è il *rispetto di un equilibrio instabile tra il riconoscimento dei meriti sportivi e la difesa delle discipline deboli,* un criterio meritocratico tenderebbe a privilegiare quegli sport che garantiscono al Paese notorietà e sicurezza, rimane però altrettanto vero che, se uno sport nascente o in difficoltà non viene adeguatamente sostenuto, il suo sviluppo non esploderà mai o il suo declino sarà sempre più accentuato.

Recentemente dopo la delibera del Consiglio Nazionale del 6/12/2007 è stato emanato il Budget annuale del CONI (esercizio 2008)[6].
Tale Budget è stato redatto tenendo conto delle assegnazioni che lo Stato prevede in base alla normativa vigente per il CONI: art. 1 commi 281 e 282 della legge 311 del 30.12.2004 (Legge Finanziaria 2005) che fissa in 450.000 €/000 le risorse per il quadriennio 2005-2008, comprensive del contributo straordinario finalizzato alla preparazione degli atleti per i Giochi Olimpici.
Le destinazioni di maggiore rilievo delle risorse a disposizione sono rappresentate dai contributi per l'attività istituzionale, in particolare quelli a favore delle Federazioni Sportive e degli altri Enti finanziati, per un ammontare pari a 234.074 €/000, di questi, 81.000 €/000 risultano assegnati alla Federazione Italiana Giuoco Calcio, tali contributi sono attribuiti per l'87% per attività sportiva ed il funzionamento e per il 13% per progetti speciali per attività sportive (Olimpiche e di Alto Livello).
Altri contributi molto importanti sono quelli per gli Enti di Promozione Sportiva 15.306 €/000, i corrispettivi alla CONI Servizi S.p.A. 174.000 €/000 ed i costi per le Strutture Territoriali 21.330 €/000.

Il CONI, quindi, è il perno del movimento sportivo italiano e delle varie Federazioni sportive che lo rappresentano, che quindi cura e coordina l'organizzazione delle attività sportive sul territorio nazionale, dettando i principi fondamentali per la disciplina delle attività sportive e per la tutela della salute degli atleti, conciliando la dimensione economica dello sport con la sua inalienabile dimensione popolare, sociale, educativa e culturale.

---

[6] Fonte: http://www.coni.it;

1.1.2 I RAGGRUPPAMENTI STRATEGICI DELLO SPORT[7]

Lo sport come si può facilmente verificare comprende una gamma di attività molto ampia, se si volesse procedere ad una eventuale classificazione oppure ad una segmentazione strategica di tali attività bisognerebbe prendere in considerazione diversi criteri, tra i quali possiamo menzionare:

- L'onerosità economica della pratica sortiva che può essere costosa o gratuita;
- Il differente contributo degli spettatori (alcuni sport come, ad esempio, il ciclismo raramente possono contare su spettatori paganti, mentre in altre discipline il contributo dello spettatore è fondamentale);
- La rilevanza economica degli impianti e delle strutture che rendono possibile a pratica dello sport;
- La natura individuale o collettiva dell'attività sportiva;
- Il livello di penetrazione: sport a pratica elitaria o di massa. È un criterio che concerne il grado di coinvolgimento del pubblico nella pratica dello sport;
- Il tipo di flussi finanziari: intersettoriali (limitati al semplice contesto sportivo in esame) o intersettoriali (estesi anche a settori non sportivi);

Considerando gli ultimi due criteri come i più significativi è stata realizzata dal loro incrocio una semplice matrice a quattro riquadri, ognuno dei quali costituisce uno dei raggruppamenti che formano l'universo sportivo:

tab. 1: i raggruppamenti strategici dello sport

		Capacità il generare flussi finanziari intersettoriali	
		alta	**bassa**
Diffusione della pratica sportiva	**elitaria**	Sport di specializzazione	Sport di localismo
	di massa	Sport ad alta intensità di business	Sport amatoriale

---

[7] Dal libro di G. Piantoni: " Lo sport tra agonismo, business e spettacolo" Etas, 1999

1. LO SPORT DI SPECIALIZZAZIONE: è quello sport caratterizzato da una pratica elitaria ma un grande indotto economico. Potrebbero rientrane in questo segmento lo sci, il golf, l'atletica, l'automobilismo;

2. LO SPORT DI LOCALISMO: quando mancano i riflettori e gli atleti vivono nell'ombra, la loro propensione alla pratica agonistica trova sbocco in attività sportive apparentemente marginali e difficili da interpretare, è il raggruppamento strategico dello sport come localismo. In esso rientrano tutte quelle attività che alimentano il Guinness dei primati, ma possiamo anche trovare attività come l'hockey su prato, il cricket, il palio di Siena;

3. LO SPORT AMATORIALE: in esso rientrano le attività dilettantistiche, che godono di due caratteristiche principali, una pratica universale ma nessuna attrazione in termini di business. Immenso è il ruolo del volontariato e della scuola;

4. LO SPORT AD ALTA INTENSITA' DI BUSINESS: sono quegli sport che abbiamo sempre sotto gli occhi e che riempiono i palinsesti televisivi e giornalistici, sono degli sport molto praticati e che attivano flussi finanziari tra diversi settori. Sono discipline dove lo spettacolo è molto importante, ma dove non può di certo mancare l'agonismo, pensiamo al calcio, al ciclismo, al basket;

1.2 NUOVE DISPOSIZIONI SULLE SOCIETA' SPORTIVE

Col passare del tempo sono state numerose le modifiche e le disposizioni che hanno contribuito a realizzare un nuovo corso per le società sportive e per lo sport in generale .Tra queste numerose disposizioni ce ne sono due che hanno contribuito maggiormente alla modificazione del sistema :la prima è la sentenza "Bosman" del 15 dicembre 1995 che ha liberalizzato qualsiasi attività degli atleti professionisti in ambito comunitario; la seconda e' la legge che ha permesso "il fine di lucro" e che quindi ha fatto decadere, rispetto al passato, l'obbligo che le società sportive avevano di reinvestire gli utili nell'attività sportiva.

1.2.1 LA SENTENZA "BOSMAN"

Come precedentemente affermato la sentenza "Bosman[8]",15 dicembre 1995, passerà alla storia del calcio e dello sport in generale come quella sentenza che ha contribuito a modificare radicalmente strategie, organici e prospettive dei club calcistici di tutta Europa, consentendo ai calciatori professionisti aventi cittadinanza dell'Unione Europea di trasferirsi gratuitamente ad un altro club alla scadenza del contratto con l'attuale squadra di appartenenza.
La sentenza fu emanata in seguito a tre casi legali separati che però coinvolgevano tutti il calciatore belga Jean Marc Bosman:
1. La ***Federazione calcistica del Belgio*** (Union royale belge des sociétés de football association ASBL) contro Jean-Marc Bosman;
2. La squadra di calcio ***Royal Football Club de Liège*** contro Jean-Marc Bosman ed altri;
3. L'***UEFA*** contro Jean-Marc Bosman;

Bosman era un giocatore della Jupiler league, la massima serie belga e militava nello Standard di Liegi. Al termine del suo contratto nel 1990 il calciatore intendeva cambiare squadra e trasferirsi al Dunkerque, società di seconda divisione francese, tale squadra però si rifiutò di pagare un'indennità richiesta dallo Standard Liegi, e la squadra belga rifiutò il trasferimento ed il rilascio del necessario certificato di svincolo.

Inoltre, nel frattempo, l'ingaggio di Bosman venne ridotto e si ritrovò fuori dalla prima squadra. Lo stesso calciatore portò il caso alla Corte di Giustizia delle Comunità Europee in Lussemburgo. Dopo una dura battaglia legale vinse il processo e il 15 dicembre 1995 la Corte stabilì che il sistema fino ad allora in piedi costituiva una restrizione alla libera circolazione dei lavoratori e ciò era proibito dall'articolo 39 del Trattato di Roma[9].

---

[8] Sentenza della Corte di Giustizia Delle Comunità Europee (causa C415/93) c.d. "Sentenza Bosman".
[9] Trattato di Roma, Capo 1- I Lavoratori, articolo 39:
1. La libera circolazione dei lavoratori all'interno della Comunità è assicurata.
2. Essa implica l'abolizione di qualsiasi discriminazione, fondata sulla nazionalità, tra i lavoratori degli Stati membri, per quanto riguarda l'impiego, la retribuzione e le altre condizioni di lavoro.
3. Fatte salve le limitazioni giustificate da motivi di ordine pubblico, pubblica sicurezza e sanità pubblica, essa importa il diritto:
   a) di rispondere a offerte di lavoro effettive;
   b) di spostarsi liberamente a tal fine nel territorio degli Stati membri;
   c) di prendere dimora in uno degli Stati membri al fine di svolgervi un'attività di lavoro, conformemente alle disposizioni legislative, regolamentari e amministrative che disciplinano l'occupazione dei lavoratori nazionali;
   d) di rimanere, a condizioni che costituiranno l'oggetto di regolamenti di applicazione stabiliti dalla Commissione, sul territorio di uno Stato membro, dopo aver occupato un impiego;

La pronunzia della Corte sancisce, fondamentalmente, i seguenti principi validi non solo per gli sport di squadra con un settore professionistico (calcio, pallavolo, ecc.) ma anche per ogni attività sportiva retribuita:

- è illegittima l'indennità per i trasferimenti di un giocatore giunto a fine contratto da uno stato membro dell'Unione Europea e dallo Spazio Economico Europeo ad un altro;
- è illegale stabilire qualsiasi limitazione riguardante il numero di stranieri comunitari da schierare in campo nelle competizioni Europee;

La sentenza Bosman ha messo in crisi soprattutto le società di calcio in quanto ,prima, veniva stabilito il prezzo di un giocatore e quindi una squadra al termine del contratto dello stesso ,nel caso avesse voluto cederlo ,avrebbe potuto ammortizzare attraverso una indennità pagata dalla società acquirente il costo sostenuto per il giocatore durante gli anni di durata del contratto .Invece ora ,terminato il contratto, un calciatore-sportivo professionista può decidere dove svolgere la propria attività e quindi viene eliminata la possibilità da parte delle società di ottenere una indennità dalla cessione, l'unica possibilità è quella di cedere il giocatore ancora sotto contratto.

La normativa che ha dichiarato illegittima l'indennità per i trasferimenti di un giocatore giunto a fine contratto ha creato non pochi problemi alle società, che hanno visto appesantirsi notevolmente i propri bilanci.

Si rese necessario allora intervenire in termini di legge, attraverso i decreti-legge n. 485 e n. 586 rispettivamente del mese di settembre e dicembre del 1996, con il cosiddetto *decreto spalmaperdite, che* ha introdotto tre nuovi commi, i quali recitano:

1. le società sportive possono iscrivere nel proprio bilancio tra le componenti attive un importo massimo pari al valore dell'indennità di preparazione e promozione maturata, in base ad una apposita certificazione sportiva competente conforme alla normativa in vigore;
2. le società che si avvalgono della facoltà descritta nel comma precedente devono procedere all'ammortamento del valore iscritto entro tre anni, fermo restando l'obbligo del controllo da parte di ciascuna federazione sportiva;
3. le società appartenenti a federazioni sportive che abbiano introdotto nei rispettivi ordinamenti il settore professionistico, oltre che avvalersi della facoltà prevista dal secondo comma, possono altresì provvedere ad un ammortamento delle immobilizzazioni iscritte in sede di trasformazione, entro un periodo non superiore ai tre anni;

In tal modo si è voluto risolvere in maniera non drastica il problema derivante dalla mancata contabilizzazione di una componente attiva di natura creditoria nei bilanci di gestione.

La sentenza Bosman ha sicuramente modificato il panorama dello sport europeo nel suo complesso, avendo introdotto parte della giurisprudenza ordinaria nel mondo sportivo che fino a quel momento faceva vita a sé.

---

4. Le disposizioni del presente articolo non sono applicabili agli impieghi nella pubblica amministrazione.

1.2.2 MODIFICHE LEGISLATIVE SULLE SOCIETA' SPORTIVE: LEGGE N. 91 DEL 1981

Nel corso degli anni numerose sono state le modifiche e le disposizioni che hanno riguardato le società sportive in generale, quella di sicuro più importante è stata la legge n. 91 del 23 marzo 1981 , recante «Norme in materia di rapporti tra società e sportivi professionisti», che però è stata oggetto dal momento della sua emanazione di numerose critiche in quanto ha determinato una gestione del settore priva di controlli efficaci e in genere sempre più lassista e che ha generato i già evidenziati gravi problemi economici del mondo sportivo professionistico, oggi ha subito numerose modificazioni :prima con il decreto legge del 20 settembre 1996,n. 485, poi convertito con legge 18 novembre 1996, n. 586 e con il decreto legislativo n. 37 del 2004 che ha apportato modifiche agli articoli 12 e 13 della suddetta legge[10].

Le novità più importanti introdotte nella legge n. 91/1981, riguardavano soprattutto gli aspetti del:
- Controllo societario;
- Fine di lucro delle società sportive;

1) I controlli societari:

Maggiori novità si sono verificate per quel che riguarda la disciplina dei controlli delle federazioni sulle società sportive professionistiche.
Con il decreto legislativo n. 37 del 2004 hanno subito numerose modifiche gli articoli 12 e 13 della legge dell'1981, che aveva già subito ulteriori modifiche con la legge del '96.

Viene eliminata la presenza del potere di approvazione e di controllo sulla gestione delle società da parte delle federazioni," ... per delega del CONI e secondo le modalità approvate dal CONI" e viene anche meno la possibilità di un controllo da parte delle federazioni sugli atti relativi ad esposizioni finanziarie, di acquisto o vendita immobili o, comunque di tutti gli atti di straordinaria amministrazione.

L'articolo 12 è sostituito dai seguenti:

Art. 12. *(Controllo sulle società sportive).*

1. Le società sportive di cui all'articolo 10 sono assoggettate ai controlli sulla gestione da parte dell'Autorità di controllo sulle società sportive istituita dall'articolo 12-*bis*, secondo modalità e principi stabiliti dal CONI e divenuti esecutivi, ai sensi dell'articolo 13, comma 2-*bis*, del decreto legislativo 23 luglio 1999, n. 242.

2. Le deliberazioni delle società sportive concernenti esposizioni finanziarie, acquisto e vendita di beni immobili, o comunque tutti gli atti di straordinaria amministrazione, sono soggette ad approvazione da parte dell'Autorità di controllo sulle società sportive.

3. In caso di mancata approvazione ai sensi del comma 2, è ammesso ricorso alla giunta nazionale del CONI, che si pronuncia entro due mesi dalla data di ricevimento del ricorso.

---

[0] Fonte: www.consulenzasportiva.it;

Art. 12-*bis*. *(Autorità di controllo sulle società sportive).*

1. È istituita l'Autorità di controllo sulle società sportive, di seguito denominata "Autorità", che opera il controllo sulla gestione economico-finanziaria delle società sportive professionistiche in piena autonomia e con indipendenza di giudizio e di valutazione;

2. L'Autorità è un organo collegiale costituito dal presidente e da sei membri nominati dalla giunta nazionale del CONI tra persone dotate di alta e riconosciuta professionalità e competenza nel settore;

3. Entro tre mesi dalla data di entrata in vigore della presente disposizione, il CONI provvede ad emanare un apposito regolamento concernente i poteri, l'organizzazione e il funzionamento dell'Autorità;

4. Decorso inutilmente il termine di cui al comma 3, il Ministro per i beni e le attività culturali nomina uno o più commissari, che provvedono ad emanare il regolamento di cui al medesimo comma 3, entro due mesi dalla data della loro nomina;

L'articolo 13 è sostituito dal seguente:

Art. 13 *(Liquidazione delle società).*

1. "Nel caso in cui siano riscontrate gravi irregolarità di gestione della società sportiva, l'Autorità di controllo sulle società sportive può chiedere al tribunale, con ricorso motivato, la messa in liquidazione della società medesima e la nomina di un liquidatore".

2) il fine di lucro nelle società sportive:

- Il 2° comma dell'articolo 10 prevedeva che "l'atto costitutivo deve prevedere che gli utili siano interamente reinvestiti nella società per il perseguimento esclusivo dell'attività sportiva".
- Il 2° comma dell'articolo 13 prevede invece che all'atto della liquidazione della società, la quota spettante a ciascun socio non poteva superare il valore nominale della relativa quota di partecipazione.

Come si può facilmente verificare da questi due commi vi è una netta separazione da quello che può essere considerato il legame tra una qualsivoglia forma societaria e lo scopo di lucro ed è per questo che sono stati modificati, il comma secondo è stato così sostituito dall'art. 4, *D.Lg. 20 settembre 1996, n. 485* (Gazza. Uff. 21 settembre 1996, n. 222), convertito in legge, con modificazioni, dalla *legge del 18 novembre 1996, n. 586* (Gazz.Uff. 20 novembre 1996, n. 272), entrato in vigore il giorno stesso della sua pubblicazione.

Le modificazioni apportate sono state le seguenti:

- 2° comma dell'articolo 10:" L'atto costitutivo deve prevedere che la società possa svolgere esclusivamente attività sportive ed attività ad esse connesse o strumentali";
- "l'atto costitutivo deve prevedere che una quota parte degli utili, non inferiori al 10%, sia destinata a scuole giovanili di addestramento di formazione tecnico-sportiva";
- per quel che riguarda invece il 2° comma dell'articolo 13 è stato completamente soppresso dal legislatore in modo da eliminare la totalità della finalità non lucrativa delle società professionistiche;

1.3 L'ORGANIZZAZIONE DELLE SOCIETA' SPORTIVE

1.3.1 DEFINIZIONE DI ORGANIZZAZIONE

Come viene particolarmente evidenziato nel mondo di oggi si può tranquillamente affermare che:" sport ed economia non possono essere stranieri. Lo sport ha la sua economia e l'economia ha il suo sport. Nel primo caso l'economia serve per mantenere e sviluppare ciò che prima era quasi un affare privato, nel secondo caso lo sport rappresenta un grimaldello per aprire con impeto il mercato commerciale..."[11].

La convinzione del fatto che sport ed economia sono fortemente correlati in molti e svariati modi oggi è fortemente avvalorata e dimostrata dalle numerosissime società sportive che al giorno d'oggi vengono gestite con delle metodologie adottate dalle grandi imprese.

Si deve quindi parlare di vere e proprie "organizzazioni", definendo con tale termine "la combinazione di risorse, di uomini e di mezzi a disposizione in funzione del raggiungimento di un determinato obiettivo, secondo uno schema preciso di rapporti e di interrelazioni tra i vari elementi che la costituiscono" [12].

Da questa definizione generale di "organizzazione" passiamo a quella più specifica di "organizzazione sportiva" dove la relativa attenzione cresce a dismisura col passare degli anni dato che le società sportive sono delle vere e proprie "organizzazioni sociali" e che quindi l'adeguata conoscenza di tali organizzazioni, di come funzionano, ma soprattutto di come si adeguano ai mutamenti dell'ambiente esterno costituisce un requisito essenziale per ottimizzare la gestione delle stesse.

È preferibile concepire le organizzazioni sportive nell'ambito del terziario e, quindi, considerare nella categoria "tutte quelle organizzazioni che abbiano al loro *core* attività sportive". In questo modo, le organizzazioni sportive risultano essere quelle che offrono servizi legati allo sport, in cui l'attività sportiva è praticata e organizzata dai membri dell'organizzazione ed in cui il fruitore può partecipare in modo più o meno attivo, praticando direttamente lo sport o fruendone sotto forma di spettatore.

L'organizzazione sportiva rappresenta l'attore cruciale dell'industria dello sport. Tale attore è stato tradizionalmente caratterizzato da un basso grado di sfruttamento economico delle risorse possedute e delle attività attuate. La sua natura di organizzazione tipicamente non-profit, la sua ampia base volontaria ad alto coinvolgimento, la cultura idealistica, fondata sui valori dell'Olimpismo, hanno per lungo tempo caratterizzato gli assetti organizzativi e le scelte operative di tali organizzazioni. Nel tempo, questa tradizionale configurazione è stata ibridata per poi essere travolta dalla spinta alla commercializzazione ed allo sfruttamento economico dello sport. La tendenza si è inizialmente manifestata negli sport, per la maggior parte di squadra, maggiormente seguiti dal pubblico, come nel calcio, nel basket, nel football, ecc., per poi coinvolgere gli sport individuali ma ad alto seguito, come il ciclismo e l'atletica. In definitiva, tale tendenza è ormai pervasiva e rappresenta per i dirigenti delle organizzazioni sportive non più un pericolo ma una realtà che va governata e che definisce i vincoli per la sopravvivenza ma anche opportunità di sviluppo dello sport.

La natura delle attività sportive genera fabbisogni organizzativi peculiari che vengono risolti attraverso un complesso network di relazioni inter-organizzative di tipo associativo che configura l'ambiente relazionale nel quale operano le organizzazioni sportive. Infatti, tali organizzazioni

---

[11] Da Bero Rigauer in "the sport process";
[12] Da Maria Ferrara "L'organizzazione dello sport" ed. Giappichelli;

gestiscono le proprie attività attraverso lo sfruttamento e la valorizzazione delle risorse cui hanno accesso e mediante la valorizzazione delle relazioni con gli attori dell'ambiente transazionale attraverso strategie ed assetti organizzativi interni, differenziati ed unici. D'altra parte, però, la natura delle attività implica la necessità per le organizzazioni sportive di sviluppare assetti inter-organizzativi complessi di tipo cooperativo fino alla creazione di un sistema unitario dello sport, così che le scelte ed i comportamenti delle singole organizzazioni avvengono all'interno di un sistema più ampio, di relazioni tra organizzazioni sportive, fortemente istituzionalizzato e che configura un ambiente relazionale di tipo cooperativo.

1.3.2 L'ORGANIGRAMMA

Per far si che coloro che vivono di sport e nello sport, riescano facilmente ad inserirsi e a sviluppare le proprie capacità è necessario una specie di guscio nel quale attingere forza, stimoli, riconoscimenti ed incentivi sportivi.

Questo guscio può essere facilmente rappresentato da una società sportiva che sotto un'identità sociale, una maglia e una bandiera, raccoglie un gruppo di atleti che svolgono attività agonistica, quindi a questo punto sorge il problema dell'organigramma, ovvero analizzare come si aggregano tra di loro i dirigenti ed i membri di una società [13].

Il problema dell'organigramma si prospetta abitualmente in modo strano, se i compiti da svolgere sono chiari e si lavora bene insieme, non si sente un grande bisogno di disegnare un organigramma, ma invece quando iniziano a sussistere problemi di funzionamento si pensa che avere un organigramma possa risolvere la situazione.

Nello stesso tempo però bisogna sottolineare che un organigramma non colma le carenze professionali: prima di costruirne uno, la società deve comunque poter fare affidamento su tecnici abili e collaboratori qualificati.

Manca ancora oggi però un'analisi approfondita delle organizzazioni sportive ,che ancora non sono conosciute a sufficienza sia nella loro struttura che nel loro funzionamento ed è questa una delle motivazioni per la quale risulta difficile riconoscere un ritratto tipo delle società sportive, derivante soprattutto dal fatto che esistono forme organizzative e realtà con dimensioni, obiettivi e tradizioni a volte estremamente diversi ,come potrebbero essere gli esempi di una piccola società di provincia e un grosso club metropolitano.

Questa enorme varietà di assetti organizzativi è una delle caratteristiche peculiari delle organizzazioni sportive ricordando comunque che non è legata solo ed esclusivamente ai fini sociale, al livello competitivo ed alla dimensione della società, ma anche alla dimensione personale, storica, al collegamento con le tradizioni locali che sono in grado di influenzare le azioni delle società sportive[14].

Fino a poco tempo fa le società potevano contare su un ambiente di riferimento prevalentemente statico, per cui il modello organizzativo garantiva stabilità e sicurezza, le norme e le procedure si calcavano sulla realtà quasi in modo prescrittivo e non restava che applicarle, ora le società si trovano a fronteggiare un ambiente turbolento e complesso dove le norme e le procedure si devono confrontare con una realtà in continua osmosi e con difficili ma indispensabili processi di integrazione.

Per gestire la complessità sarà importante avere la capacità di:
- Gestire la complessità sia all'interno dell'organizzazione (orizzontale) che all'esterno (di confine e oltre);

---

[13] Da: "Per sport e per business: è tutto parte del gioco";
[14] F.B. Ascani, "Management e gestione dello sport", Sperling & Kupfer, 2003;

- Progettare: sapere come e perché si fanno determinate scelte;
- Avere senso del legame attraverso interdipendenza, integrazione, identificazione con il territorio, con la popolazione, con le linee di tendenza europee ed internazionali;
- Dialogare e confrontarsi;
- Tollerare l'ambivalenza e le contraddizioni;
- "impostare" e gestire il ruolo assegnato;

Pertanto, uno dei primi passi che un'organizzazione dovrebbe compiere per progettare e gestire bene il cambiamento e le sue strategie, è quello di sottoporre ad un'analisi critica, dettagliata e soprattutto costante le caratteristiche interne ed esterne che possono esaltare, limitare o mettere in discussione la sua efficacia.

Uno dei problemi principali che viene affrontato in qualsiasi tipo di organizzazione, non solamente sportiva, è quello relativo al raggiungimento ed al mantenimento dei criteri di *efficacia* ed *efficienza*. Il criterio dell'efficacia di un'organizzazione è considerato come la capacità di raggiungere gli obiettivi prefissati (in un'organizzazione sportiva rientrerebbero ad esempio in questa categoria aspetti come medaglie, competizioni vinte, record battuti, coinvolgimento del pubblico verso la pratica sportiva e le sue manifestazioni, le opportunità di crescita dei tesserati, equilibri nei conti economici ,la riduzione dei costi e tanti altri....) mentre il secondo criterio quello cioè dell'efficienza riguarda piuttosto l'ottimizzazione delle risorse e dei mezzi disponibili per raggiungere questi fini.

Come si è facilmente dedotto da queste parole non esiste per quanto riguarda le organizzazioni sportive quella che viene definita una struttura ottimale, bensì possono facilmente essere individuati alcuni elementi caratterizzanti queste strutture che potrebbero essere:
- la dimensione della società;
- il livello di attività;
- la quantificazione del personale che opera al suo interno (dirigenti, tecnici, atleti);
- la distribuzione sul territorio (eventuale presenza di società satelliti o terminali);
- definizione delle regole;
- centralizzazione delle decisioni;

Il modo in cui questi elementi si combinano, portano a differenziare per complessità e tipologia le organizzazioni[15].

Nel mondo sportivo le strutture organizzative più diffuse risultano essere, la struttura multifunzionale(specializzazione dei ruoli) e la struttura divisionale per prodotto, ma tali tipologie risultano essere poco idonee ai tempi di oggi in quanto troppo rigide per fronteggiare come precedentemente detto un ambiente in continuo mutamento, è preferibile quindi adottare un sistema di "organizzazione a rete" caratterizzata da legami deboli che all'interno della stessa società hanno un grosso vantaggio, in quanto garantiscono la prosecuzione dell'attività generale del sistema ,anche in presenza di disturbi, a differenza di strutture con legami forti dove un disturbo può provocare problemi all'intera attività.

Le condizioni necessarie, anche se non sufficienti, perché si possa parlare di rete sono:
- l'esistenza si soggetti o nodi;
- l'esistenza di attività che avvengono dentro la rete, intese come relazioni di dipendenza e scambi di risorse;
- l'esistenza di regole di gioco all'interno della rete stessa;

---

[15] Da: "L'organizzazione dello sport" Maria Ferrara;

L'utilizzo di questa tipologia di organizzazione nelle società sportive potrebbe essere molto conveniente sotto il profilo delle strategie di sviluppo, quindi potremmo pensare alla società sportiva come un'attività fondata su reticoli, dove queste attività non sono nient'altro che le semplici attività sportive, e dove le risorse scambiate all'interno possono essere materiali, come impianti e denaro, o immateriali, come la visibilità o il consenso politico.

Nasce quindi l'idea di concepire la società sportiva come un cerchio dove al centro verrà collocato il dirigente, "il capo", e attorno a lui trovano posto tutti i suoi collaboratori. In definitiva potremmo affermare che l'organigramma di una società sportiva ideale è quello dotato di tante competenze che convergono tutte verso un centro che li sollecita continuamente.

1.3.3 IMPRENDITORIALITA' E MANAGERIALITA' NELLO SPORT

Data la complessità del mondo sportivo si esigono forme diverse di imprenditorialità e di managerialità, ognuna delle quali possiede specifiche tecniche gestionali.

"A qualunque livello si collochi, il dirigente produce azioni, dirette sia ad organizzare che a promuovere l'attività sportiva, a coltivare rapporti con istituzioni ed agenzie esterne, allo scopo di assicurarne il flusso di beni e risorse necessarie per il perseguimento e lo sviluppo della vita della società".

Le competenze richieste sono diverse, ne elenchiamo alcune:
- Realizzare un'organizzazione;
- Gestire un bilancio;
- Pianificare le risorse, indirizzare e controllare le spese;
- Conoscere le normative delle associazioni sportive;
- Conoscere nozioni di marketing;
- Reclutare e motivare i collaboratori;
- Impostare programmi di formazione;
- Gestire le risorse umane;
- Raccogliere e scambiare informazioni e comunicazioni
- ...

Queste sono solamente alcune delle competenze che un tipico dirigente sportivo dovrebbe possedere, tenendo conto che però opera in un contesto che si modifica ed assume sempre nuove caratteristiche, in relazione sia allo sport come istituzione, che al sistema sociale nel suo complesso.

Volendo fare una classificazione delle diverse tipologie di imprenditorialità e di managerialità possiamo partire dalla classificazione che è stata utilizzata precedentemente per i raggruppamenti dello sport[16].
I 4 raggruppamenti strategici precedentemente individuati devono essere interpretati in due modi differenti:
- uno attivo, che sollecita il continuo ripensamento e aggiornamento al business;

---

[16] Cap. 1.1.2: I raggruppamenti strategici dello sport - "i raggruppamenti che formano l'universo sportivo sono: lo sport di specializzazione, lo sport di localismo, lo sport amatoriale e lo sport ad alta intensità di business";

- uno passivo, adottato quando il sistema sportivo necessita di una oculata e attenta manutenzione;

In questo modo possiamo facilmente verificare che le tipologie gestionali richieste dallo sport sono addirittura otto, cioè due per ogni segmento strategico:

Fig. 1 *tipologie di imprenditorialità e managerialità del contesto sportivo.*

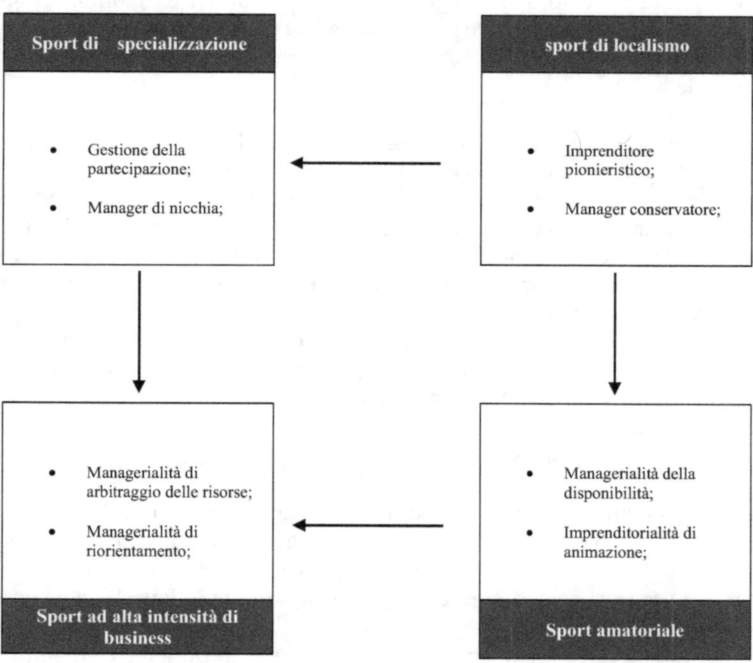

A) Nello sport di "Localismo":

Possiamo evidenziare dal grafico che le tipologie imprenditoriali e manageriali associate a questa categoria sono, il manager conservatore ("gusto della tradizione") e l'imprenditore pionieristico ("fascino delle nuove frontiere"). quindi esistono diverse attitudini per gestire al meglio lo sport inteso come localismo. Se il tipo di sport preso in esame si connota per una visione statica, la gestione deve rimanere ancorata ai valori tradizionali (sempre. tamburello, gare di resistenza in montagna, ecc.) ed in questo caso la competenza gestionale viene definita come *managerialità di conservazione,* come "gusto della tradizione".

Può invece capitare che una nuova disciplina prenda vita nel localismo sportivo (sempre. uno dei tanti sport estremi) e per gestire queste nuove attività si richiede un'imprenditorialità di tipo diverso, dove il fascino del nuovo e del diverso diventa la leva vincente. In questo caso la competenza gestionale è di un *imprenditore pionieristico* che crediamo dotato del "fascino delle nuove frontiere".

B) Nello sport di "specializzazione":

Vediamo in questa categoria la "gestione della partecipazione" (l'esperienza del mito) e il "manager di nicchia".
In questa categoria di sport vi sono delle discipline che amano collocarsi in una nicchia che intende valorizzarle al massimo, attirando un'attenzione sempre più fedele da parte del pubblico e degli sponsor (sempre. automobilismo) e richiedendo un manager capace di inquadrare il successo raggiunto garantendogli consistenza e solidità, "il manager di nicchia".
Esistono poi alcune attività che permettono di vivere al pubblico un'esperienza del momento agonistico (sempre. atletica, golf, tennis, maratona), un esempio emblematico è quello della maratona dove è necessaria una suddivisione dell'evento in due categorie quella riservata ai professionisti e quella riservata a coloro che vogliono vivere il sogno di un giorno, la capacità di gestire un simile segmento di attività sportiva è stata definita:" la gestione della partecipazione".

C) Nello sport" amatoriale":

Le tipologie associate a questa categoria sono la managerialità della disponibilità ("il mondo del volontariato") e l'imprenditorialità di animazione ("la vitalità dell'ampia diffusione").
Sembrerebbe che in questa categoria vi sia una gestione abbastanza omogenea ma non è cosi in quanto vi si presentano due categorie ,la prima è costituita da coloro che sostengono l'entusiasmo di una moltitudine di praticanti con il ricorso al mondo del volontariato, il "manager della disponibilità", mentre la seconda categoria è costituita da quei manager che ,operando nel mondo dello sport amatoriale ,si prefiggono lo scopo di lasciar emergere, in mezzo alla grande massa che pratica la loro disciplina ,coloro che sono particolarmente dotati. L'imprenditore che porta avanti questa tipologia sportiva deve permettere una crescita organica ed equilibrata a tutti, nel rispetto di qualsiasi potenzialità futura, sono gli "imprenditori di animazione".

D) Nello sport ad "alta intensità di business":

Vi sono la "managerialità di arbitraggio delle risorse" e la "managerialità di riorientamento".
In questa categoria esistono imprenditori molto bravi nella gestione manageriale: presidiano al meglio il mercato, curano l'organizzazione e gestiscono adeguatamente le risorse. Il ciclismo probabilmente appartiene a questa categoria e la capacità di gestire è definita la *managerialità di arbitraggio delle risorse.*
Altro criterio per gestire questa categoria di attività sportive è quella di riorientare continuamente la formula imprenditoriale, in quanto l'azienda opera in una fase di evoluzione o in un clima competitivo stressante. In questa categoria rientra ad esempio il calcio, e si parla quindi di *managerialità di riorientamento* che comporta un costante intervento sulla concezione stessa del business.

1.3.4 LE FIGURE PROFESSIONALI NELLA GESTIONE SPORTIVA[17]

In conseguenza ad un mondo che è sempre in continua evoluzione e modernizzazione, anche le società sportive hanno dovuto modificare, sviluppare e formare quella che è la categoria delle figure professionali sportive, operazione resa necessaria per una sempre più marcata specializzazione dei ruoli.

È quindi stata una cosa normale che alle tre figure tradizionali del contesto sportivo quali quella dei dirigenti, degli allenatori e degli ufficiali di gara, siano state sovrapposte o affiancate nuove figure professionali.

I settori nel contesto sportivo che hanno visto nascere nuove figure professionali sono relativi:

- Alla salute fisica e mentale: medico sportivo, massaggiatore, fisioterapista, psicologo., che trovano in questo settore una richiesta sempre crescente e sempre più specializzata;
- Alla valorizzazione delle performance: preparatore atletico, esperto in metodi di allenamento;
- Alla gestione e al marketing di eventi sportivi e spettacoli sportivi: analisti finanziari, consulenti, dirigenti, manager, organizzatori di eventi, procuratori;
- Alla gestione delle risorse umane: allenatori, responsabili della formazione;
- Alla gestione di impianti e spazi sportivi: esperti nella comunicazione;

Come si può facilmente vedere ai tempi di oggi il mondo dello sport si allaccia a numerosi campi e richiede competenze sempre più specializzate.

In Italia manca un'analisi dettagliata delle professioni dello sport, ma ci si può avvalere di una nomenclatura specifica che nasce dall'unione della nomenclatura ufficiale delle attività economiche (NACE) con i risultati dell'attività dell'EOSE (*Europea Osservatorie of Sport and Employment - Osservatorio europeo di Sport e occupazione*).

---

[17] Fonte: www.consulenzasportiva.it

PARTE 2: LE SOCIETA' SPORTIVE. IL CALCIO PROFESSINISTICO

2.1 IL MONDO DEL CALCIO

Il calcio rappresenta da sempre lo sport per eccellenza, che accomuna giornalmente milioni di praticanti, sia a livello amatoriale che a livello agonistico.

In base ad una ricerca fatta dalla FIFA presso le 204 federazioni che la compongono, sono 240 milioni i praticanti, di cui il 9% appartengono al sesso femminile, queste persone giocano regolarmente al calcio nei circa 306.000 club regolarmente iscritti nelle apposite federazioni[18].

Questo per citare solamente i praticanti, ma se volessimo considerare anche gli appassionati, il numero sale vertiginosamente, basti pensare che in Italia oltre 37 milioni di persone, vale a dire circa il 60% della popolazione, si dichiarano tifosi di calcio, e che l'Italia è l'unico paese europeo in cui si stampano 3 quotidiani sportivi nazionali: La Gazzetta dello sport, Il Corriere dello sport e Tuttosport.

Le società calcistiche, come tutte le società sportive, furono costituite originariamente, per consentire la pratica atletico-agonistica dei propri membri, essendo quindi enti associativi con scopi ricreativi si potevano far rientrare nell'ambito delle associazioni.

Infatti, l'associazione è rimasta per molto tempo l'unica forma societaria adottata, e che ancora oggi costituisce la tipologia di organizzazione assunta dalla maggioranza delle società sportive dilettantistiche.

Diverso invece è il caso delle società professionistiche, dove col susseguirsi di numerose cambiamenti dello scenario nella quale si trovavano ad agire le società calcistiche, la semplice associazione sportiva non riuscì a reggere il peso economico dell'evoluzione di questo ambiente, dando loro la possibilità di trasformarsi in società di capitali, segnando quindi una vera svolta nel modo in cui sia gli operatori economici che gli ambienti giuridici intrattenevano i loro rapporti con il mondo del calcio.

I principali organismi internazionali che regolano lo svolgimento delle attività di calcio sono i seguenti:

- FIFA: Federazione internazionale delle associazioni calcistiche;
- UEFA: Unione Europea delle Federazioni Calcistiche;

La FIFA, con sede a Zurigo, è stata fondata il 21 maggio del 1904 e conta ben 197 federazioni di calcio nazionali, costituendo la più grande organizzazione calcistica del mondo, il suo compito è principalmente quello di promuovere e sviluppare il gioco del calcio a livello mondiale e di dettarne i regolamenti sportivi.

La UEFA, con sede in Nyon (Ginevra), è stata fondata il 15 giugno del 1954 e associa le federazioni di calcio europee stando alle linee guida della FIFA. I suoi compiti consistono principalmente nell'organizzazione delle competizioni tra le società di calcio europee e le loro nazionali e nell'assunzione di provvedimenti per lo sviluppo del calcio europeo.

---

[18] Fonte: www.FIFA.com;

Il gioco del calcio in Italia è regolato dalla Figc (federazione italiana giuoco calcio), che promuove, disciplina, e controlla tale attività e tutti gli aspetti ad essa connessi, secondo gli indirizzi ed i criteri determinati dalla FIFA e dalla UEFA.

La Figc a sua volta controlla e regola le leghe calcistiche (la *Lega nazionale professionisti* (serie A e B), la *Lega professionisti di serie C* e la *Lega nazionale dilettanti*) che sono associazioni di diritto privato che godono di autonomia organizzativa ed amministrativa, che riuniscono le società di calcio, ed hanno diversi compiti tra cui, l'organizzazione dei vari tornei nazionali e la regolamentazione dei rapporti tra tutte le società di calcio che partecipano a dette manifestazioni[19].

Le società calcistiche sono aziende di servizi straordinariamente complesse per la pluralità dei loro mercati di riferimento: dagli spettatori sugli spalti e davanti alla televisione ai lettori delle riviste sportive; dalle aziende sponsor; dagli acquirenti di gadgets e merchandising agli enti locali, dalle emittenti radio-televisive alle istituzioni sportive. Il settore calcio è la dodicesima industria italiana con circa 5.500 milioni di euro di fatturato aggregato, che cresce al ritmo del 23% annuo.

La società di calcio non è chiaramente un'azienda industriale, ma, tuttavia, peculiare è il prodotto che essa può offrire al mercato: un prodotto unico, soggettivo e intangibile.

Ciò non impedisce di individuare le caratteristiche tipiche del prodotto calcio: la passione e il senso di appartenenza che lega dirigenti, tifosi, giocatori, azionisti, rappresentando, dunque, un patrimonio unico che non ha praticamente eguali in altre aziende essendo una peculiarità delle imprese sportive.

Tali considerazioni sottolineano l'importanza del calcio come fenomeno *sociale e di costume*, ma anche come *fenomeno economico* per il giro di affari che si viene a creare intorno ad esso.

---

[19] Fonte: www.lega-calcio.it;

2.2 LA STRUTTURA DI UNA SOCIETA' CALCISTICA

La struttura organizzativa di una società calcistica rispecchia in tutto e per tutto, l'organizzazione di una generica società sportiva.

Alcune piccole differenze le possiamo riscontrare in termini di:

- Obiettivi operativi specifici: ovvero gli obiettivi che una società si prefigge per una determinata stagione (sempre. la vittoria del campionato, la salvezza, la vittoria della coppa Italia, ecc.);
- Compiti istituzionali: ossia i compiti assegnati alle varie figure professionali esistenti all'interno della società e strettamente legate alla natura dell'attività sportiva, oggetto della stessa società;

2.2.1 L'ASSETTO ORGANIZZATIVO

L'evoluzione del settore del calcio ha costretto e sta costringendo tutte le società ad un salto qualitativo nella struttura del loro management di riferimento e ad una riflessione critica ed accurata sugli aspetti societari attualmente esistenti.

Strumenti come quelli del budget, del reporting semestrale, trimestrale, mensile, della gestione del cash flow, dell'informatizzazione dei processi, i quali sembravano riservati solo alle aziende tradizionali, entrano oggi nel linguaggio e nella vita quotidiana delle società calcistiche.

In questa evoluzione l'assetto proprietario mira ad individuare gli obiettivi di riferimento, sia sotto l'aspetto tecnico sportivo che in quello economico-finanziario.

Operare secondo logiche aziendali ed impostare una struttura realmente efficace creando funzioni come quella finanziaria, potrebbero essere un primo passo verso l'avvicinamento delle società sportive al modello d'impresa[20].

Nel mondo sportivo italiano il contesto legislativo bloccato non ha mai permesso lo sviluppo imprenditoriale del prodotto sport e del calcio in particolare, infatti la figura del *presidente mecenate* è stata, e per alcune squadre più piccole lo è ancora, il centro di tutto e per tutto. Questo ha comportato un approccio al *business* puramente soggettivo con pochissimo spazio lasciato alle figure manageriali, delle quali nessuno avvertiva l'esigenza.

Basti pensare che fino a pochi anni fa solo il 50% dei club militanti in serie A prevedevano nell'organigramma il" responsabile marketing", mentre in serie B questo valore scendeva intorno al 40%, a differenza ad esempio dell'Inghilterra, dove tutte le squadre, anche quelli militanti nei campionati minori, avevano già da anni un loro responsabile marketing[21].

L'impulso delle forze di mercato verso un'apertura del settore a logiche competitive e la possibilità di operare con veste giuridica di Spa con ' fine di lucro ', ha fatto rapidamente emergere i limiti dell'impostazione culturale esistente, comportando la sollecitazione di un modello di gestione manageriale e di assetti organizzativi adeguati.

Il fine ultimo deve essere quello di procedere verso posizioni di equilibrio tra società e ambiente, tra questioni agonistiche e problemi gestionali di bilancio, posizioni che possono essere raggiunte solo da un management con forti capacità di bilanciamento ed integrazione.

---

[20] Brunelli, Basile, Cazzulo: "Le società di calcio professionistiche" ed. Buffetti;

[21] Da: "Campioni e co-marketing sportivo". a cura di Sergio Cherubini e Marco Canigiani;

Così come una squadra per essere competitiva deve cercare il giusto affiatamento ed equilibrio tra i propri giocatori ed i suoi vari reparti (difesa, centrocampo, attacco) allo stesso modo la società deve perseguire il massimo coordinamento tra le sue diverse funzioni (amministrativa, commerciale, marketing, risorse umane e comunicazione).

Però non si deve cadere nell'errore di considerare i due campi, quello sportivo e quello aziendale, come separati ed indipendenti: in realtà, mai come oggi, è necessario che i responsabili di ciascun ambito comunichino e dialoghino tra di loro nella ricerca di un medesimo fine.

La programmazione diventa fondamentale, in quanto rappresenta l'unica arma che può consentire di ottenere buoni risultati sia allo stadio che nella quadratura dei conti.

Per far questo occorre velocizzare il processo di "managerializzazione" dell'azienda calcio e istituire nuove regole che possano facilitare il passaggio a dei nuovi modelli gestionali.

2.2.2 L'ORGANIGRAMMA DI UNA SOCIETA' CALCISTICA

Ancora oggi risulta molto difficile riuscire a schematizzare una "struttura-tipo" delle società calcistiche, questo è anche dovuto dal fatto che il concetto di "manager" riguarda molteplici figure, che hanno ruoli e competenze diverse da società a società.

Si può però tentare di realizzare un elenco di "compiti-tipo" delle diverse forme societarie, nella fig. 2 è rappresentato un esempio di organigramma di una società calcistica.

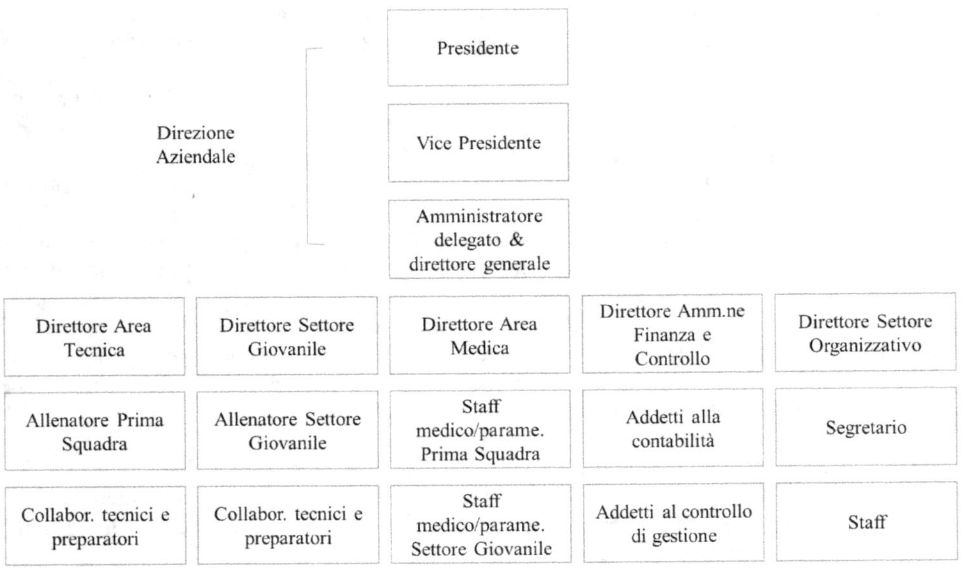

Figura 2 – L'organigramma tipico di una società calcistica;

Rientrano nella ***direzione aziendale***, ossia al vertice dell'impresa, tutti coloro che all'interno della società hanno potere decisionale: il presidente, il vicepresidente, l'amministratore delegato, il direttore generale e tutti i responsabili dei settori che compongono l'azienda.

Oggi, gran parte delle società di calcio vengono gestite direttamente dal presidente, oppure, attraverso un meccanismo di delega parziale, sono affidate ad una persona di fiducia, quale *l'amministratore delegato*.

Mentre per quel che riguarda la figura del *direttore generale*, questa va assumendo sempre meno importanza a causa della sempre più innovativa specializzazione dei ruoli e dei compiti che potrebbe portare anche alla sua definitiva scomparsa.

L'obiettivo primo della direzione aziendale dovrebbe essere quello di creare un ambiente interno unito, con competenze ben definite, soprattutto in un contesto complesso come quello calcistico.

I rispettivi compiti:

PRESIDENTE:

- Firma e legale rappresentanza della società;
- Presenzia in rappresentanza della società;
- Prende e delega tutte le decisioni di grande rilevanza per la società;
- Indica le linee programmatiche decise dal Consiglio di Amministrazione;
- Funge da stimolo per ogni componente societaria;
- Stabilisce con la proprietà (se non coincide) gli importi contrattuali dei tesserati e collaboratori, potendo poi demandarne la contrattazione e la stesura al Dirigente Generale (in seguito anche D.G.), e al Dirigente Sportivo (in seguito anche D.S.).

AMMINISTRATORE DELEGATO:

- Amministra la società in senso lato;
- Controlla ed autorizza ogni spesa, tranne quelle di modesta entità effettuate dal D.lg., che gli renderà conto in tempi brevi;
- Risponde legalmente, fiscalmente verso i terzi e verso la proprietà di ogni spesa;
- Controlla ogni registrazione contabile con la segreteria e con il commercialista;
- Cura la redazione e la divulgazione del bilancio, unitamente al commercialista;
- Si attiene al budget della società, informando tempestivamente la proprietà ed il presidente, di ogni eventuale sconfinamento;
- Predispone particolare attenzione alle problematiche della Covisoc.;
- Reperisce i fondi, dando ampio preavviso alla società in caso di necessità;
- Effettua, soprattutto per interposta persona, i pagamenti con periodicità;
- Effettua, o attiva, ricerche di mercato più favorevoli possibile alla società;
- Effettua preventivi e necessità di cassa con periodicità mensile;

DIRETTORE GENERALE:

- Sovrintende e coordina tutta l'attività della società, ad esclusione di quella prettamente tecnica;
- Rende esecutive le direttive del consiglio di amministrazione;
- Relaziona periodicamente la proprietà e/o la presidenza sulle problematiche di particolare importanza;

- Ha piena autonomia decisionale, come può anche effettuare spese nell'interesse della società inferiori al milione;
- Attiva i consulenti per le necessità societarie;
- Dirige e coordina tutto il personale, i collaboratori ed i tesserati della società;
- È delegato a rappresentare la società nelle sedi competenti;
- Cura personalmente i rapporti ed i contatti con tutti gli organismi federali e di lega;
- Cura i rapporti con gli enti locali, le altre società, la tifoseria organizzata, i terzi, i fornitori e con chiunque abbia relazioni con la società;
- Segue gli aspetti legali e contenziosi;
- Firma gli atti di normale amministrazione, la corrispondenza e gli atti federali;

ALTRI INCARICHI DIRIGENZIALI:

- Addetto stampa;
- Addetto Settore Giovanile;
- Addetto contabilità;
- Addetto organizzazione stadio;
- Accompagnatore ufficiale;
- Addetto pubbliche relazioni e rappresentanza;
- Addetto rapporti enti locali;
- Addetto squadra ospite;
- Addetto campagna prevendite.

Una figura molto importante nell'organigramma di una società calcistica è quella del ***team-manager***, che spesso coincide con il direttore sportivo (detto c.s.), in quanto funge da tramite tra la società, il tecnico e i singoli giocatori: deve pertanto godere di una elevata fiducia da parte dello staff tecnico, ma soprattutto dal vertice societario e deve essere visto dagli atleti come un punto di riferimento.

Infatti, per svolgere questo compito sono molto importanti le qualità umane, psicologiche, relazionali, tanto che molte società a volte fanno ricorso per ricoprire questo ruolo ad ex-calciatori, per l'esperienza maturata sul campo.

È la figura più generica dell'ambiente calcistico proprio perché svolge diverse funzioni, da quelle che potrebbero essere di competenza del direttore generale, al responsabile tecnico/commerciale dei trasferimenti, al "braccio – destro" dell' allenatore.

I suoi compiti principali sono:

- La responsabilità tecnica delle squadre della società, unitamente agli allenatori;
- Commercializza i calciatori tesserati alla società, previo parere degli allenatori ed autorizzazione a concludere dettata specificatamente dalla proprietà;
- Segue le problematiche ed intrattiene i rapporti con tutti i tecnici e calciatori della società;
- Svolge prevalentemente la propria attività fuori dalla sede, seguendo allenamenti, raduni, rappresentative e gare soprattutto di altre squadre;
- Accompagna eventualmente i calciatori della società convocati in rappresentative;
- Coordina i rapporti tra la prima squadra ed il settore giovanile;
- Sovrintende ed incentiva il settore giovanile;
- Coordina ed incarica gli osservatori;

- Cura i rapporti con i mass-media.
- Cura i rapporti con la tifoseria;
- Mantiene i rapporti con i dirigenti delle squadre avversarie;

Per quel che riguarda invece il ***settore tecnico*** ,questo può essere definito come "l'organo esecutivo" di una società calcistica, in quanto a coloro che rientrano in questo settore ,è affidato il compito di raggiungere, mediante una lavoro di squadra, gli "obiettivi sportivi" della società stessa, primo fra tutti ,l'allenatore che ha il compito di guidare tecnicamente la squadra affidatagli, per il conseguimento dei migliori risultati agonistici e per il miglioramento del potenziale tecnico, grazie anche all'aiuto dei propri collaboratori.

Rientrano in questo settore:
- L'allenatore in 1ª;
- L'allenatore in 2ª;
- Il preparatore dei portieri;
- Il preparatore atletico;
- Tutto lo staff medico e paramedico;
- Massaggiatore;
- E tutti i giocatori tesserati;

Elemento fondamentale dell'organigramma delle società calcistiche è il ***settore organizzativo/amministrativo.***
Negli anni passati elemento fondamentale di questo settore era la figura del "segretario generale" che conosceva e curava tutti gli aspetti organizzativi, logistici e burocratici della società. Col passare del tempo e in seguito alla specializzazione dei ruoli, questa figura è andata svanendo assumendo incarichi più specifici ma non per questo irrilevanti, a favore di una gestione realizzata con l'ausilio di figure professionali ad hoc.
Alcune delle figure presenti in questo settore sono:
- Direttore Amministrazione, Finanziaria e controllo;
- Direttore commerciale & marketing;
- Società di controllo della gestione;
- Addetti alla contabilità;
- Responsabile della comunicazione;
- Responsabile del marketing;
- Personale & collaboratori;

Come da queste parole può facilmente essere verificato, realizzare un 'organigramma tipico di una società calcistica e tutt'altro che semplice, per la specificità dei ruoli e dei compiti che si vengono a creare, in seguito soprattutto alla loro rapida e costante evoluzione di questo settore.
In un mondo come quello del calcio è però a sua volta necessario che ci sia un eccellente lavoro di squadra, intendendo non solo quello dei giocatori sul campo, ma bensì l'affiatamento tra i vari componenti del gruppo e le varie figure professionali che ruotano intorno ad esso, elemento questo fondamentale per il raggiungimento del successo sportivo.

2.3 ALCUNI MODELLI SOCIETARI

L'obiettivo di questo paragrafo è quello di scattare fotografie di alcune società calcistiche più famose, in cui i modelli organizzativi sono realizzati in un'ottica prettamente aziendale, e che rispecchiano quanto da un punto di vista prettamente teorico è stata definita nel precedente capitolo come una tipica struttura organizzativa di una società di calcio professionistica.

2.3.1 A.C. MILAN

Il calcio, in questo momento, insieme agli altri sport professionistici americani, è l'unico settore in cui si sta cominciando ad attuare una pacifica convivenza tra cultura sportiva e cultura d'impresa.
Il Milan ha da tempo adottato gli schemi e la forma mentis di un'azienda vera e propria, abbandonando la dimensione di semplice società sportiva proponendosi quindi come esempio d'innovazione.
Infatti, il Milan al giorno d'oggi è uno degli esempi di quella che può essere definita l'evoluzione del mondo del calcio, infatti è riuscita a diventare, attraverso un'ottima sinergia tra il settore tecnico e quello amministrativo, uno tra i più prestigiosi club al mondo, non solo come risultati ottenuti nel campo (l'A.C. Milan è la squadra più titolata a livello internazionale, con ben 18 trofei vinti), ma bensì anche come sinonimo di una conglomerata cultura aziendale.

L'evoluzione di questa società è avvenuta quando nel 1986 Silvio Berlusconi ne è diventato presidente, trasformandola in un laboratorio in cui sono state inserite le competenze provenienti da una grande esperienza aziendale, quella del gruppo Fininvest.
Dapprima si è provveduto a innescare i processi manageriali necessari alla corretta gestione di una società calcistica: gestione delle risorse umane, motivazione all'interno della società, obiettivi prefissati per ogni settore. Poi successivamente sono stati introdotti nuovi settori di attività: espansione del marketing, gestione dei diritti tv, dell'immagine e dell'area commerciale.
L'obiettivo era quello di creare un vero e proprio gruppo, che non si limitasse ad ottenere risultati nei soli 90 minuti di gioco, ma bensì un gruppo che impegnato in diversi campi riuscisse a trasmettere quella che oggi è la vera immagine di una società calcistica, in cui valori di gruppo, di amicizia, appunto di vero e proprio sport, si sono fusi con quelli economici che caratterizzano la gestione di un'impresa.

> *"...I nostri giocatori devono condividere i valori etici e*
> *morali della società, quali la continua ricerca del risultato positivo, il*
> *continuo miglioramento di sé stessi e dell'immagine del club e devono*
> *convivere con la consapevolezza di rivestire un ruolo sociale*
> *estremamente importante...La nostra ricchezza è fatta anche dalla*
> *nostra immagine, dai nostri risultati e dalle nostre esperienze...Così è*
> *nata e si è sviluppata l'idea 'Milan', concepita dal Presidente Silvio*
> *Berlusconi quale emanazione diretta delle sue molteplici attività nel*
> *mondo della comunicazione e da questo influenzata."*[22]

---

[22] Umberto Gandini Direttore Organizzativo A.C. Milan;

Il Milan oltre a realizzare attività che hanno aumentato notevolmente i bilanci della società (merchandising, diritti tv, sponsor,), si è prefissata di realizzare diversi obiettivi per sviluppare i servizi che riguardano l'intrattenimento:

- Gestione diretta dello stadio San Siro;
- Sviluppo di Milan Channel, come sbocco per la comunicazione;
- Ampliamento del sito internet " www.acmilan.com "come punto di riferimento per gli appassionati;
- Realizzazione del sito:" www.store.acmilan.com " per lo sviluppo del merchandising;
- Sviluppo del franchising per dare in gestione il marchio;
- Ristrutturazione del centro sportivo di Milanello (ancora oggi uno degli impianti sportivi più prestigiosi e all'avanguardia d'Europa);
- Realizzazione del Milan Lab (luglio 2002) centro di Ricerca Scientifica ad alto contenuto tecnologico situato all'interno del Centro Sportivo di Milanello. MilanLab è un connubio di scienza, tecnologia, informatica, cibernetica e scienze umane che si prefigge di ottimizzare la gestione psicofisica degli atleti;
- Realizzazione della Fondazione Milan Onlus (20 febbraio 2003) progetto nato dalla volontà dell'AC Milan, da sempre attivo e sensibile nei confronti di chi si trova in situazioni di disagio, di dotarsi di una struttura dedicata, riconoscibile, duratura e affidabile che sostenga, con regolarità e impegno costante, le realtà sociali che sono di fondamentale importanza per il benessere di tutta la comunità, per soddisfare i bisogni primari e realizzare pienamente i diritti fondamentali della persona nei settori dell'assistenza sociale, dell'istruzione, della formazione e dell'avviamento allo sport;

Sono queste solamente alcune delle iniziative che hanno portato il Milan alla realtà che rappresenta[23].

Per quel che riguarda l'organigramma societario dell'A. C. MILAN attualmente e strutturato in questo modo:

Presidente	Silvio Berlusconi
Vice Presidente Vicario e Amm. Delegato	Adriano Galliani
Vice Presidente	Paolo Berlusconi
Vice Presidente	Gianni Nardi
Organismo di Vigilanza	Antonio Marchesi
Segretario Consiglio di Amministrazione	Rolando Vitrò
Società di Revisione	Deloitte & Touche
Direttore Sportivo	Ariedo Braida
Direttore Operazioni Area Tecnica	Leonardo De Araujo

---

[23] Fonte: www.acmilan.it;

Direttore Organizzativo	Umberto Gandini
Segreteria Tecnica	Mary Buscaglia
Segreteria Tecnica	Cristina Moschetta
Direttore Comunicazione	Vittorio Mentana
Vice-Direttore Comunicazione	Giuseppe Sapienza
Direttore Marketing e Vice-Direttore Commerciale	Laura Masi
Direttore Vendite	Mauro Tavola
Direttore Gestione Stadio	Daniela Gozzi
Direttore Amministrazione Finanza Controllo e Servizi di Gruppo	Alfonso Cefaliello
Direttore Amministrazione e Finanza	Massimo Campioli
Direttore Gestione del Personale	Raffaella Di Tondo
Responsabile Centro Sportivo Milanello	Antore Peloso

2.3.2 JUVENTUS F.C.

La Juventus è la società di calcio professionistico più amata in Italia e tra le più seguite al mondo. In Italia i fans bianconeri sono circa 12 milioni, distribuiti in modo uniforme su tutto il territorio. La Juventus è regina di tifo in 11 regioni. Nel mondo i simpatizzanti bianconeri sono oltre 170 milioni, la maggior parte dei quali in Oriente (100 milioni circa). In Europa i fans juventini sono circa 43 milioni.

"...Il primo fondamentale scopo della Juventus è dare ai propri sostenitori le più ampie soddisfazioni sportive, vivendo il calcio da protagonista e proseguendo una tradizione vincente che si è confermata nel corso degli oltre cento anni di gloriosa storia. Questa finalità viene perseguita seguendo regole ben precise, che la società ha deciso di raccogliere in un codice etico al quale dipendenti, collaboratori e consulenti sono obbligati a far fede. Tra i principi fondamentali c'è la volontà di promuovere l'etica sportiva e conciliare la dimensione professionistica ed economica del calcio con la sua valenza etica e sociale, mantenendo nel tempo uno stile di condotta consono alla propria tradizione, nel rispetto dei propri sostenitori e di tutti gli sportivi...[24]"

La nascita della Juventus F.C. la si fa risalire al 1° novembre del 1897 a Torino grazie all' idea di alcuni studenti del Liceo Classico "Massimo D'Azeglio", tra i quali i fratelli Eugenio ed Enrico Canari , i primi presidenti della società , che erano soliti ritrovarsi su una panchina (oggi gelosamente custodita nella attuale sede del club),che portarono la Juventus dopo il debutto nel campionato nazionale nel 1900 alla vittoria del primo scudetto dopo soli 5 anni nel 1905.
Col passare del tempo la società si sviluppa fino a diventare una delle più forti in Italia, la vera svolta la vediamo nel 1923 dove al vertice vediamo salire la famiglia Agnelli (i fondatori della FIAT), prima con Edoardo Agnelli nel 1923, susseguito da Giovanni Agnelli nel 1947 che la passò al fratello Umberto nel 1955, riuscendo a portare alla Juventus per la prima volta nella storia del calcio italiano, la stella al merito per aver vinto 10 titoli nazionali.

Dal 27 giugno 1967 la Juventus è una *società per azioni* (S.p.A.). Posseduta da soli privati, attualmente il sessanta per cento del totale del suo pacchetto azionario è detenuto dalla finanziaria <u>IFIL Investment S.p.A.</u>, la holding di proprietà della famiglia Agnelli di cui fa parte la società torinese dal 2003 dopo una riorganizzazione. Tale pacchetto azionario è controllato della società <u>Giovanni Agnelli & C. S.p.A.</u> ,mentre il resto del pacchetto azionario è detenuto dalla società Libyan Arab Foreign Investment Company (LAFICO) per il 7,5% e da altri azionisti per il 32,5%.[25]

Il 1990 segna un altro passaggio fondamentale nella storia della Juventus F.C. che passa sotto la diretta amministrazione del gruppo FIAT, smettendo di essere considerata il giocattolo di una grande famiglia, ma bensì un bene integrato nella strategia generale del gruppo.

A partire dal 3 dicembre 2001 la società torinese è quotata sul listino della borsa italiana e attualmente è una delle tre società italiane di calcio quotate in Borsa - insieme alla Lazio e la Roma - e, tra esse, l'unica che fa parte del Segmento STAR, uno dei gruppi azionari di maggior successo in Europa e nel mondo.

La Juventus, in qualità di società quotata in Borsa, ha anche una serie di doveri nei confronti dei suoi azionisti, con i quali vuole mantenere e sviluppare un rapporto di fiducia. Alcuni degli obiettivi

---

[24] Dal sito ufficiale della società - www.juventus.com
[25] *Informazione Finanziaria della Borsa Italiana : Juventus Football Club - www.borsaitaliana.it.*

che la società si pone in questo senso sono la valorizzazione del proprio marchio, il mantenimento di un'organizzazione sportiva di livello tecnico eccellente, lo studio e la realizzazione di progetti di diversificazione di attività.

L'organigramma attuale della **Juventus Football Club S.p.A.** si compone attualmente di sette settori:

1. *Amministrazione e Finanza:* comprende tutto quanto è legato al bilancio, agli adempimenti fiscali, all'amministrazione del personale e agli adempimenti contabili;
2. *Risorse Umane;*
3. *Informazione Tecnologica;*
4. *Area Commerciale*: è di sicuro l'area più complessa tra le numerose attività possiamo annoverare: attività di vendita, di marketing di gestione degli sponsor, di valorizzazione dell'immagine,
5. *Pianificazione, Controllo e Progetti Speciali:* è una nuova area che si avvale del supporto operativo e della consulenza degli altri staff interni alla società, come anche di collaboratori esterni. Alcuni esempi di attività in questo settore potrebbero essere: la gestione dello stadio, del centro sportivo, il coordinamento del club,
6. *Area Comunicazione*: un'area molto importante in quanto oggi per una società calcistica la comunicazione è un elemento fondamentale della strategia, per gestire al meglio i rapporti all'interno della società e nell'ambiente che la circonda;
7. *Area Sportiva:* costituisce la base della struttura societaria;

La società bianconera è amministrata da un Consiglio di Amministrazione (C.d.A.), un organo sociale composto da otto membri eletti dalla proprietà (il presidente del club, l'Amministratore Delegato (AD), il Direttore Generale, i sei amministratori) per tutti gli atti di ordinaria e straordinaria amministrazione, con la sola eccezione di quelli riservati all'assemblea degli azionisti.

Risulta quindi così composto:

Proprietà	Famiglia Agnelli
Presidente	Giovanni Cobolli Gigli
Presidenti Onorari	Giampiero Boniperti e Franco Grande Stevens
Amministratore delegato e direttore generale	Jean-Claude Blanc
Comitato sportivo	Gian Paolo Montali
Comitato remunerazioni e nomine	Carlo Barel Di Sant'Albano, Camillo Venesio, Riccardo Montanaro
Controllo interno	Marzio Saà, Riccardo Montanaro
Direttore sportivo	Alessio Secco

Direttore commerciale e marketing	Marco Fassone
Direttore amministrazione e finanza	Michele Bergero
Direttore finanza pianificazione, controllo e progetti speciali	Stefano Bertola
Responsabile risorse umane	Alessandro Sorbone
Responsabile comunicazione e direttore Juventus Channel	Giuseppe Gattino
Responsabile information technology	Claudio Leonardi
Direttore Juventus Center	Vittorio Ferrino
Responsabile Juventus Merchandising	Laurent Boquillet
Addetti stampa senior	Marco Girotto
Addetti stampa e editoriali	Fabio Ellena e Gabriella Ravizzotti
Responsabile contenuti editoriali	Enrica Tarchi
Comunicazione corporate	Stefano Coscia

PARTE 3: L'ECONOMIA DELLE IMPRESE OPERANTI NEL SETTORE DEL CALCIO PROFESSIONISTICO

3.1 IL BUSINESS DELLE SOCIETA' DI CALCIO

Come è stato precedentemente detto la vera essenza dello sport, e soprattutto del calcio, in seguito alla sua evoluzione nel XXI secolo non è solamente legata alla pratica sportiva, al momento agonistico che si genera in una manifestazione, ma bensì sono sorte all'interno e all'esterno dell'evento sportivo tante sfaccettature che ne hanno modificato l'ambiente.

Tra queste l'aspetto relativo al business e la funzione marketing per una società di calcio, sono diventate quelle più importanti, facendo sì che i club calcistici, vengano considerati ormai come vere e proprio imprese.

Il Marketing è in realtà una delle funzioni più importanti e complesse tra quelle che oggi è possibile riscontrare nell'ambito delle società calcistiche. Le quali si stanno dotando sempre di più di un forte orientamento al mercato[26], tale strategia necessita di una funzione marketing in grado di comprendere e soddisfare i bisogni del pubblico e delle aziende interessate ad investire nello sport.

Le aree funzionali attraverso le quali si può articolare la Direzione Marketing di una società di calcio sono le seguenti[27]:

- *Area Marketing*: si occupa di tutte le attività di analisi e di ricerche di mercato (sui clienti-tifosi, sulla concorrenza diretta, indiretta e allargata, sull'ambiente circostante), di pianificazione strategica e delle iniziative promo-pubblicitarie;
- *Area Vendite*: offre al mercato delle aziende, diverse tipologie di partnership con i club e gestisce tutte le fasi di vendita dei biglietti e degli abbonamenti;
- *Area Merchandising e Licensing*: impegnata nell'attività di sfruttamento del marchio attraverso lo sviluppo di una strategia di "branding "e la realizzazione di accordi con terzi produttori di articoli tecnico-sportivi ed extra-sportivi;
- *Area Customer Service:* orientata alla soddisfazione di tutte le esigenze dei partner del club, offrendo loro un servizio completo e di qualità elevata;
- *Area Comunicazione*: nella quale vengono definite e gestite, oltre alla più tradizionale attività di ufficio stampa, tutte le attività di immagine, di pubbliche relazioni, gli eventi speciali e il sito internet;

---

[26] "l'orientamento al mercato deve appartenere alla società o associazione sportiva nel suo complesso ,intesa come sistema aziendale .L'orientamento al mercato ha natura strategica:il suo obiettivo è fare corrispondere l'offerta di servizi ad una domanda da conoscere e soddisfare.", Cafferata R.(1998);

[27] Baghero, Perfumo, Ravano: "Per sport e per business: è tutto parte del gioco" ed. FrancoAngeli;

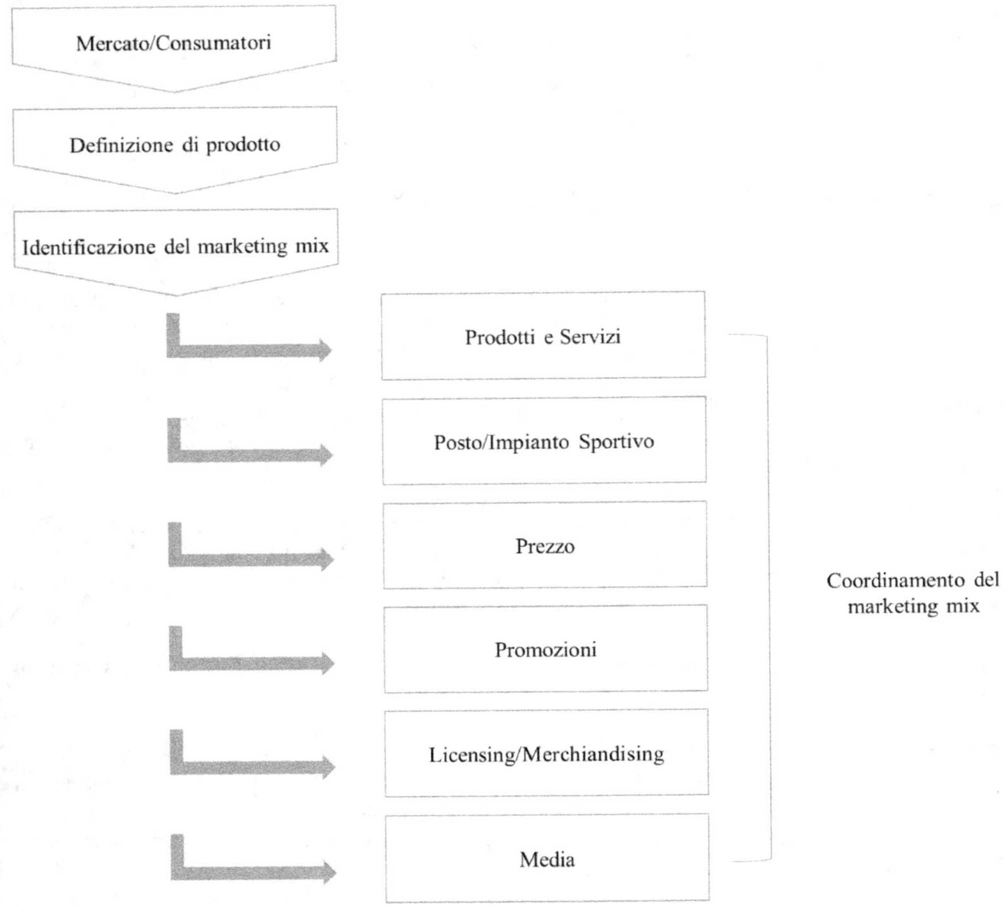

Figura 1 - Il processo di marketing management nello sport

Facendo riferimento quindi a questo schema un'impresa calcistica può essere in grado di sviluppare diversi marketing-mix, di differenziare strumenti e metodologie, a seconda del mercato in cui si trova ad operare.

Per quanto riguarda il business del calcio, questo attinge a fonti varie: finanziamenti, abbonamenti, biglietti, raccolta fondi, sponsorizzazioni, contratti pubblicitari, diritti tv, merchandising. Aspetti tutti necessari per il raggiungimento del risultato economico, che caratterizza le moderne società calcistiche, e sportive in generale.

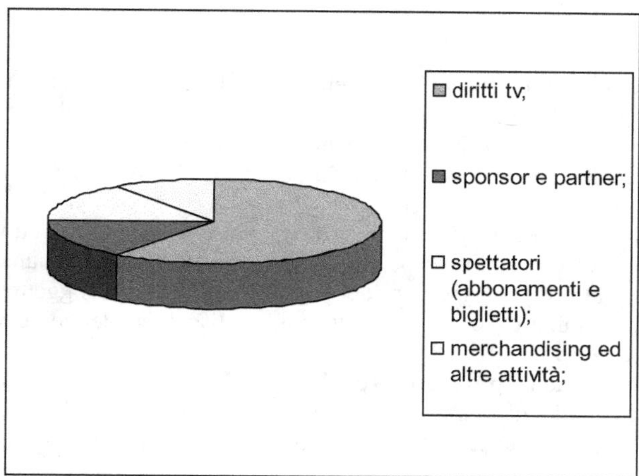

Figura 2: Le Entrate dei Club di Serie A

Possiamo suddividere, in percentuale, le entrate per i club calcistici, in questo modo:
- 60% diritti tv;
- 15% sponsor e partner;
- 15% spettatori (abbonamenti e biglietti);
- 10% merchandising ed altre attività;

<u>Diritti televisivi</u>

I diritti televisivi rappresentano oggi per le società di calcio (quasi esclusivamente per le due serie maggiori) la principale fonte di entrata circa il 60%, sul totale degli introiti.
Riguardano il 90% delle manifestazioni calcistiche con un giro di affari pari a circa 650milioni (si prevede che entro il 2010 la torta aumenterà a circa 900 milioni) ripartiti come precedentemente detto tra le squadre di serie A e B con criteri non molto coerenti, che stanno creando col passare del tempo numerosi dibattiti. La discussione è arrivata fino in parlamento dove è stato emanato un decreto da parte del Ministro Melandri riguardante la ripartizione dei diritti tv, che entrerà in vigore nel 2010 e vedrà la suddivisione dei proventi in questo modo:

- 40% dei proventi distribuito equamente tra tutte le società di serie A;
- 30% sarà ripartito tra tutte le squadre in base ai risultati sportivi conseguiti;
- il restante 30% in base al bacino di utenza;

I Diritti televisivi fanno riferimento alla tv " in chiaro " (cioè la possibilità di godersi gratuitamente l'evento sportivo attraverso la televisione terrestre) o attraverso il fenomeno della " par per Vie " (il servizio interattivo che attraverso la sottoscrizione di un abbonamento ,da la possibilità di vedere l'evento sportivo messo a disposizione dal provider televisivo, in Italia con Sky vi è un vero e proprio monopolio ,infatti detiene circa l'80% degli abbonamenti ,la restante quota appartiene a Mediaset Premium).

<u>Sponsor e partner</u>

Un altro comparto che nel mondo del calcio, è una voce fondamentale per le entrate dei club è quello relativo alle sponsorizzazioni, circa il 15 % sul totale delle entrate, in serie A gli introiti derivanti dalle sponsorizzazioni superano circa i 120 milioni di euro annui[28].
Gli sponsor, infatti, assumono un ruolo sempre più importante per lo sviluppo e la sopravvivenza dei vari sport.
Nel settore sportivo la sponsorizzazione assume la configurazione di un contratto in cui un soggetto sportivo, rappresentato da un'atleta, una società, un'associazione o un ente che organizza una manifestazione sportiva, si obbliga, ricevendo un corrispettivo, nei confronti di un altro soggetto, rappresentato normalmente da un 'impresa commerciale, a divenire veicolo di diffusione del nome e del marchio dell'impresa stessa[29].
La sponsorizzazione si colloca nell'ambito della propaganda(publicity) e non in quello della pubblicità (advertising), poiché non è in grado di comunicare le caratteristiche intrinseche del prodotto, ma si limita a diffondere e rendere noto un segno distintivo di impresa (marchio o denominazione)[30].
La sponsorizzazione si realizza mediante l'accostamento di un segno distintivo dell'impresa all'immagine e all'attività di un soggetto sportivo, con essa lo sponsor mira a far conoscere la sua immagine e la sua presenza sul mercato.
Nel mondo del calcio hanno un 'incidenza notevole, sviluppatasi soprattutto negli ultimi anni, è comunque importante evidenziare che si suddividono in:
- *sponsor ufficiale*: è quel partner che ha il privilegio di esporre il proprio marchio sullo spazio principale della maglia;
- *sponsor tecnico:* è il partner che ha il diritto di fornire in esclusiva l'abbigliamento sportivo e di esporre il proprio marchio sui prodotti sportivi;
- *sponsor istituzionale:* è il partner sempre presente nelle attività di comunicazione del club: brochure, back drop, interviste, ecc.;

alcuni esempi di sponsorizzazioni:
- *Sponsor ufficiali*: Tiscali, Toyota, Pirelli, bwin, ecc.;
- *Sponsor tecnici*: Adidas, Nike, Puma, Lotto, ecc.;
- *Sponsor istituzionali*: Eagle Pictures, Intesa San Paolo, SDA, Fiat, Birra Moretti, ecc.;

Da ricordare però che solamente gli sponsor ufficiali sono esclusivi.

<u>*Merchandising*</u>

Accanto alle sponsorizzazioni e ai diritti televisivi, possiamo inserire come fonte di business per le società di calcio professionistiche il "merchandising" [31] attraverso le quali le società calcistiche commercializzano la propria immagine.
Il simbolo della società calcistica viene utilizzato per contraddistinguere i prodotti più vari, si va da equipaggiamenti propriamente sportivi, (come tute e abbigliamento vario), ad articoli collegati allo

---

[28] Fonte: www.stageup.it
[29] Martinelli G. e Clericuzio R. "aspetti fiscali del contratto di sponsorizzazione sportiva, in "Rivista di Diritto Sportivo ".1994.
[30] vedi: "un approccio manageriale alla gestione delle società di calcio" Franco Rubino;
[31] potremmo dire che con il merchandising si commercializza << notorietà >>, ciò dovuto dal fatto che certe notorietà (in questo caso i personaggi sportivi) influiscono sulla psicologia del consumatore, creando domanda per il solo fatto di essere collegate a determinati prodotti, le imprese ne acquistano il diritto di sfruttamento per utilizzarle nella loro attività di commercializzazione;

sport (bandire, sciarpe, berretti i quali riproducono il marchio della squadra), per giungere ad articoli lontani dall'attività sportiva (agende, portachiavi, calendari, ecc.).

Quello del merchandising è, nel caso italiano, un mercato ancora in via di esplorazione rispetto ad altre realtà europee ed internazionali, a causa di: un mercato abusivo concorrenziale [32],dalla carenza penetrativa e di distribuzione commerciale, da una mancata percezione del merchandising come categoria omogenea e da notevoli differenze nelle abitudini dei consumatori.

Una strategia molto diffusa tra le società di calcio è quella di concedere l'utilizzo del marchio a terze aziende licenziatarie, le quali sfruttando i loro preesistenti mercati di sbocco (grande distribuzione e punti vendita specializzati), riescono a proporre al grande pubblico prodotti a marchio del club.

Un'azienda calcistica deve proteggere il proprio marchio, attraverso una sua diversificazione e l'aiuto della legislazione; uno sviluppo di canali distributivi gestiti direttamente dalla società(punti vendita e franchising),vendita per corrispondenza ed internet, al fine di aumentare i margini di profitto e avere un contatto diretto con la clientela-tifoseria; una politica di contenimento dei prezzi al fine di invogliare la gente a combattere contro il mercato abusivo; e un'attività di comunicazione ,magari attraverso i testimonial al fine di invogliare la cultura del merchandising;

Solo nel 37% delle società italiane (contro il *100%* dei club inglesi) esiste una strategia di marketing orientata al merchandising e più precisamente, suddiviso nelle categorie in questo modo [33]:

	percentuale
Serie A	87,50%
Serie B	64,71%
Serie C1	29,41%
Serie C2	14,81%
Totale	**36,94%**

Non è un caso quindi che in Inghilterra sia considerato uno degli elementi più importanti nella strategia dei club inferiore solo a *sponsorizzazione* e *immagine societaria*, mentre in Italia sia uno fra i comparti meno considerati.
Il *95%* dei club inglesi ha un proprio *negozio del merchandising contro* il *24%* italiano (Premier League *100%*, Serie A *69%)* e il *79%* offre il *servizio di corrispondenza tramite catalogo del merchandising,* offerto in Italia solo dal *10%* delle società (Premier League *100%*, Serie A *44%).*
Inoltre, il *91%* offre *gadget e mascotte* contro il *38%* italiano (Premier League *92%*, Serie A *69%).*
C'è da dire comunque che molto del successo del merchandising dipende da un fattore "culturale" e dall'assoluto rifiuto dell'abusivismo, elementi che hanno creato un certo vantaggio competitivo nei confronti delle nostre società, vantaggio difficilmente colmabile in breve tempo.

---

[32] "il merchandising, il vero nemico è la pirateria", in << il sole 24 ore >> Cassadro M;
[33] Fonte: www.stageup.it;

<u>Biglietti e abbonamenti</u>

Un 'altra notevole fonte di entrata, per le società calcistiche, è quella derivante dalla vendita dei biglietti e degli abbonamenti, per le manifestazioni sportive, questi portano incassi per poco più del 15% per una società di calcio di serie A e più del 45% per una società di calcio di serie B.

La vendita di biglietti e abbonamenti ha subito nel corso degli ultimi anni una notevole riduzione a causa della diffusione sempre maggiore degli eventi sportivi in televisione, che poco alla volta hanno allontanato le famiglie dallo stadio. La motivazione non la si può solo attribuire alla nascita della *pay per view* ma vi sono anche altri motivi inerenti a fattori economici, dovuti al *caro-biglietti*, in quanto portare una famiglia a vedere una partita di calcio al giorno d'oggi costa mediamente circa 60 euro.

Ed è soprattutto per questa motivazione che le società calcistiche, portano avanti promozioni, come biglietti gratuiti o dimezzati per le donne o biglietti ridotti per gli under 16.

In relazione invece agli abbonamenti, questi rappresentano una fonte di entrata certa, per la società, all'inizio dell'esercizio, in quanto la loro vendita avviene prima dell'inizio del campionato, rappresentando per le squadre anche una fonte di entrata anticipata.

Anche per gli abbonamenti le società portano avanti promozioni come la possibilità di dilazionare il pagamento in rate, oppure attraverso la sottoscrizione di miniabbonamenti (utilizzati soprattutto per manifestazioni internazionali come la Champions-League e la Coppa UEFA).

3.2 LA QUOTAZIONE IN BORSA

Con le modifiche apportate dal decreto n. 485/96 convertito poi nella legge n. 586/96, ed in particolare, con l'eliminazione dell'obbligo di reinvestimento degli utili conseguiti [34],le società sportive sono state assoggettate a tutte le altre tipologie societarie disciplinate dal Codice civile.
Si prospetta così per le società di calcio la possibilità di una evoluzione nella gestione attraverso l'ingresso in Borsa, punto di incontro tra i piccoli risparmiatori e le stesse aziende, aspetto che mette ancora di più in risalto la trasformazione delle società di calcio in vere e proprie imprese.
Le società di calcio per essere competitive nel mercato attuale hanno bisogno di effettuare investimenti elevati e, quindi, hanno necessità di risorse finanziarie in grado di sostenerli, l'approdo in Borsa potrebbe rappresentare uno dei canali dai quali reperire queste risorse.
La scelta della quotazione in borsa da parte di una società deve però sempre essere preceduta da uno studio della fattibilità, che si articola:

- *nella scelta del mercato di riferimento:* la società di calcio deve valutare attentamente su quale mercato ritenga opportuno andare ad interagire, se sul mercato ufficiale nazionale o su mercati esteri, tenendo presenti:
    - o. le caratteristiche dimensionali e le strategie delle società di calcio;
    - o le possibilità offerte;
    - o i vincoli che esso presenta per l'ammissione;

- *nell'esame dei vantaggi e degli oneri per la società interessata alla quotazione:* i vantaggi di una quotazione potrebbero essere rappresentare:
    - o dalla possibilità di aumento della capacità creditizia;
    - o nella possibilità di portare a termine eventuali future operazioni di finanza straordinaria (aumenti di capitale, fusioni, conferimenti);
    - o nell'innovazione del modello manageriale e nel miglioramento delle prospettive di crescita;
  mentre per gli oneri i problemi che la società potrebbe incontrare possono   derivare:
    - o dalla necessità di conseguire un certo risultato positivo;
    - o dalla possibilità di perdere il controllo;
    - o dalla necessità di rendere trasparenti gli obiettivi e visibili i risultati del management;

- *nella verifica dei requisiti per la quotazione*[35] : le modifiche introdotte dal "Nuovo regolamento dei mercati organizzati e gestiti dalla Borsa Italiana S.p.A." hanno rivoluzionato lo scenario che si presentava per le società che volevano quotarsi, in quanto hanno eliminato una serie di requisiti piuttosto rigidi che nessuna società di calcio sarebbe stata in grado di rispettare. In particolare, alcuni dei nuovi requisiti richiesti per l'ammissione alla quotazione sono la conformità alle leggi e una sufficiente diffusione con almeno il 25% del capitale ripartito tra il pubblico. I requisiti formali per la quotazione in borsa sono:
    - o Pubblicazione e deposito degli ultimi tre bilanci annuali;
    - o Ultimo bilancio positivo sottoposto a revisione contabile;
    - o La certificazione da parte di una società di revisione;

---

[34] Vedi paragrafo 1.2.2 Modifiche legislative sulle società sportive: legge n. 91 del 1981.
[35] Si veda il sito: www.borsaitaliana.it

- o Presentazione della domanda di ammissione con successiva approvazione da parte della Borsa Italiana S.p.A. (S.p.A. dal 1997) e dalla Consob[36];
- o Capacità di generare ricavi in condizioni di autonomia gestionale;

La società quotata è sottoposta ad un controllo puntuale da parte degli organi di vigilanza ed è soggetta ad obblighi informativi finalizzati alla tutela dei risparmiatori e degli investitori. Questo presuppone:

- a) una gestione trasparente;
- b) il sostenimento dei costi relativi agli obblighi di certificazione del bilancio e di predisposizione di documenti informativi periodici;
- c) la capacità di rispondere tempestivamente alle richieste d'informazione mosse dagli analisti;

La quotazione in borsa consente di ridurre la partecipazione nella società, ricavando nuove risorse finanziarie e mantenendo contemporaneamente il controllo dell'azienda.

Il costo del capitale acquisito da azionisti terzi è ovviamente inferiore a quello reperibile attraverso altri strumenti di indebitamento. Inoltre, il collocamento dei titoli azionari dovrebbe consentire una crescita del rapporto "società/azionista-tifoso" rendendo quest' ultimo più partecipe alle strategie aziendali.

Attualmente le società calcistiche sono ancora restie nei confronti di un eventuale ingresso in borsa, questo soprattutto per i rischi che un titolo azionario calcistico comporta, in quanto è un investimento all'alto *rischio*.

Ne possiamo indicare alcuni come:

- rischi speculativi e di scalate, infatti i titoli delle società di calcio sono considerati "titoli speculativi ", ossia da non detenere al fine di beneficiare di una distribuzione dei dividendi, ma per guadagnare in conto capitale delle possibili variazioni nella quotazione;
- l'alto peso sul bilancio esercitato dai calciatori, i quali sono un elemento destabilizzante e rischioso, in considerazione del fatto che essi sono soggetti ad infortuni di lungo periodo che ne pregiudicano l'impiego in campo;
- i bilanci delle società di calcio non forniscono una grande garanzia di stabilità e questo crea una maggiore diffidenza verso i titoli calcistici;
- è ancora tutto troppo legato ai risultati sportivi per natura aleatori: i ricavi, infatti, nella fattispecie i diritti televisivi e le sponsorizzazioni, dipendono fortemente dal numero dei successi e dalle partecipazioni alle competizioni internazionali (come la Champions League) che portano alla società introiti molto importanti;

---

[36]CONSOB: Commissione nazionale per la società e la borsa; Ha un duplice compito:il controllo pubblicistico delle società con azioni quotate e il governo del mercato di borsa;

La situazione attuale dei club europei quotati in borsa è la seguente:

Regno Unito (27)		
Aberdeen	Gillingham	Nottingham Forest
Arsenal	Hearts Midlothian	Preston
Aston Villa	Leeds	Rangers
Birmingham	Leicester	Sheffield United
Bradford City	Loftus Road (Q.P.R.)	Southampton
Burnden Leisure (Bolton)	Manchester City	Sunderland
Celtic	Manchester United	Ninth floor (Swansea)
Charlton	Millwall	Tottenham
Chelsea Village	Newcastle	W.B.A.

Danimarca (6)
Aab
AB
AGF
Brondby
FC Kopenaghen
Silkebord

Olanda (1)
Aiax

Germania (1)
Borussia Dortumund

Italia (3)
Lazio
Roma
Juventus

La prima società che ha intrapreso la via della quotazione in borsa è stata il Tottenham nel 1984.

Per quel che riguarda la situazione nel nostro Paese, ci sono tre società quotate in borsa: la S.S. Lazio S.p.A. dal maggio 1998, la A.S. Roma S.p.A. dal maggio 2000, e la Juventus F.C. S.p.A. dal dicembre 2001.
Per le squadre italiane, l'esperienza in borsa vive una situazione altalenante. Le performance sul listino sono ampiamente al di sotto dell'indice di settore, il Dow Jones football. La Juventus occupa la posizione numero 23 tra le 40 società attualmente quotate e il suo titolo è sceso negli ultimi 4

anni del 58%. Ancora peggio Roma e Lazio: il titolo della Roma ha perso il 68%, quello della Lazio addirittura il 97%, facendo registrare la peggior performance settoriale[37].

Qui di seguito viene riportato l'andamento del listino borsistico delle tre società di calcio italiane quotate in borsa, degli ultimi sei mesi[38]:

S.S. Lazio:

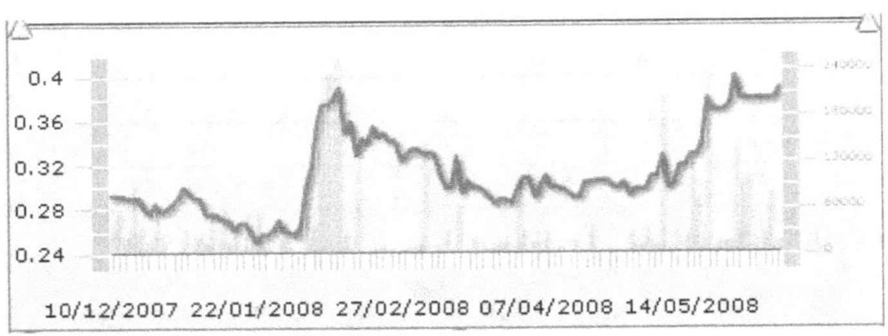

A.S. Roma:

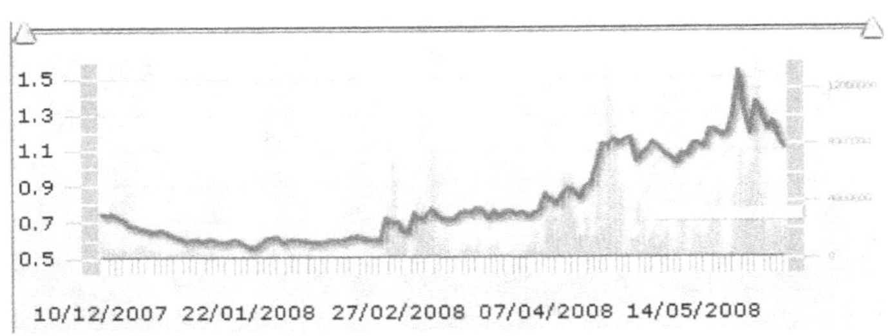

Juventus F.C.:

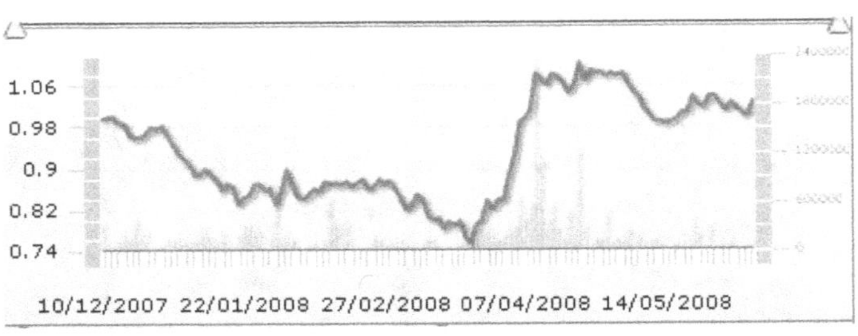

Situazione nettamente diversa è quella inglese ,dove sono quotate 27 società di calcio, la maggior parte delle quali è proprietaria degli impianti sportivi che forniscono introiti aggiuntivi rispetto ai ricavi derivanti dai risultati sportivi, addirittura alcuni club inglesi sono quotati come società immobiliari, ed è il caso del Chelsea, che non è quotato come società di calcio, ma come "Chelsea Village", cioè un enorme complesso immobiliare di cui fa parte anche lo stadio, di proprietà del

---

[37] fonte: www.finanza.com;
[38] fonte: www.money24.ilsole24ore.com, l'andamento è considerato fino alla data 06/06/2008;

club calcistico Chelsea, la logica è quella di fornire al possibile azionista garanzie più numerose ,più consistenti e più stabili al di là del singolo "parco giocatori".

Dal momento in cui una società vede il suo ingresso in borsa, diventa pubblica, non appartiene quindi più a pochi azionisti o ad un management totalmente privato, ma diventa, di fatto, di proprietà, sia pure in quote di minoranza, del pubblico degli azionisti.
Il management di detta società diventa quindi responsabile non solo nei confronti dei compratori e/o utilizzatori dei beni che produce, ma anche in relazione ai nuovi clienti, quali gli azionisti.

È molto importante che una società quotata offra ai suoi azionisti un insieme di prestazioni legate non soltanto ai risultati sportivi, ma anche ad aspetti collaterali, come le attività commerciali, promozionali e pubblicitarie, che trasformino la società di calcio in una società di *entertainment, in* modo tale da dare una logica alla quotazione in borsa.

3.3 IL BILANCIO DELLE SOCIETA' DI CALCIO

Secondo l'impostazione dettata dal Codice civile, il bilancio d'esercizio è il documento contabile che deve rappresentare in modo chiaro, veritiero e corretto, la situazione patrimoniale e finanziaria della società al termine di ciascun esercizio, nonché il risultato economico dello stesso.
L'evoluzione ambientale e normativa[39] ha modificato, la gestione delle società calcistiche e di conseguenza vi sono stati dei cambiamenti anche nella rilevazione dei fatti amministrativi ad esse inerenti.
Inizialmente, infatti, il perseguimento del risultato sportivo, unitamente alle finalità di contribuire, attraverso la pratica sportiva, al miglioramento fisico e morale degli atleti costituiva l'obiettivo principale a cui tendevano le associazioni sportive.
Col tempo la gestione delle società ha assunto connotati tipicamente "imprenditoriali", cosicché l'aspetto economico ha acquisito un'importanza equivalente al risultato agonistico ed il bilancio delle società calcistiche è diventato il collegamento tra gli aspetti economici, finanziari, tecnici ed agonistici nella gestione delle stesse.
La Figc[40] contestualmente alla trasformazione delle associazioni calcistiche professionistiche in società di capitali, ha predisposto uno schema di bilancio unico, il quale, costituisce lo strumento operativo con il quale ottenere una maggiore trasparenza della gestione, un suo riordino e una migliore definizione della responsabilità in capo ai soggetti che operano in qualità di rappresentanti legali.
Per le società di calcio, perciò, esiste un bilancio a schema obbligatorio, peraltro utilizzabile solamente per quanto attiene alle norme federali[41].
Il ruolo della FIGC è proteso ad assicurare l'equilibrio economico-finanziario dei Club, gli stessi club che in qualità di società per azioni, e a responsabilità limitata devono redigere il bilancio secondo le disposizioni contenute nel Codice civile[42].

---

[39] Vedi paragrafo: 1.2- Nuove disposizioni sulle società sportive;
[40] Figc - Federazione Italiana Giuoco Calcio;
[41] Tale bilancio è composto dallo Stato Patrimoniale e dal Conto Economico redatti in base ai sensi degli art. 2424 e 2425 c.c. come modificati dal D.lgs. n. 6/2003 (Riforma del Diritto Societario);
[42] Art. 2424 ,comma 1° e 2°:<< gli amministratori devono redigere il bilancio di esercizio, costituito dallo stato patrimoniale , dal conto economico e dalla nota integrativa .Il bilancio deve essere redatto con chiarezza e deve rappresentare in modo veritiero e corretto la situazione patrimoniale e finanziaria della società e il risultato economico dell'esercizio>>;

Per le società si applicano le stesse disposizioni in materia di bilancio di esercizio fissate dalla legislazione civilistica.

3.3.1 STATO PATRIMONIALE[43]

Società ....S.p.A. o S.r.l.

Capitale Euro:
Sede Legale:
Iscritta nel Registro delle Imprese di .... al numero....
Codice Fiscale:

BILANCIO DI ESERCIZIO AL

(importi in unità di euro)

	esercizio in corso	esercizio precedente

STATO PATRIMONIALE

ATTIVO

A) CREDITI VERSO SOCI PER VERSAMENTI ANCORA DOVUTI
I) Capitale sottoscritto non richiamato
II) Capitale richiamato non versato

B. IMMOBILIZZAZIONI con separata indicazione di quelle concesse in locazione finanziaria

I. Immobilizzazioni immateriali
1) Costi di impianto e di ampliamento
2) Costi di ricerca, di sviluppo e di pubblicità
3) Diritti di brevetto Industriale e diritti di utilizzazione delle opere dell'ingegno
4) Concessioni, licenze, marchi e diritti simili
5) Avviamento
6) Immobilizzazioni in corso e acconti
7) Capitalizzazione costi vivaio
8) Diritti pluriennali alle prestazioni dei calciatori
9) Oneri pluriennali da rettifiche di valore *ex* art. 18 *bis* legge n. 91/1981
10) Altre
TOTALE (I)

II. Immobilizzazioni materiali
1) Terreni e fabbricati
2) Impianti e macchinario
3) Attrezzature industriali e commerciali
4) Altri beni
5) Immobilizzazioni in corso e acconti
TOTALE (II)

III. Immobilizzazioni finanziarie

1) Partecipazioni in
a) imprese controllate

---

[43] Fonte *www.figc.it* - riferimento :schema di bilancio civilistico elaborato dalla Figc ;

b) imprese collegate
c) imprese controllanti
d) altre imprese
e) Compartecipazioni *ex* art. 102 *bis* N.O.I.F.
2) Crediti con separata indicazione, per ciascuna voce, degli importi
esigibili entro l'esercizio successivo
a) verso imprese controllate
b) verso imprese collegate
c) verso imprese controllanti
d) verso altri
3) Altri titoli
4) Azioni proprie
(di valore nominale complessivo pari ad euro………)
TOTALE (III)

TOTALE IMMOBILIZZAZIONI (B) (I+II+III)

C. ATTIVO CIRCOLANTE
I. Rimanenze
1) Materiale di consumo
2) Prodotti in corso di lavorazione e semilavorati
3) Lavori in corso su ordinazione
4) Prodotti finiti e merci
5) Acconti
TOTALE (I)

II. Crediti con separata indicazione, per ciascuna voce, degli importi
esigibili oltre l'esercizio successivo
1) Verso clienti
2) Verso imprese controllate
3) Verso imprese collegate
4) Verso imprese controllanti
4-*bis*) Crediti tributari
4-*ter*) Imposte anticipate
5) Crediti verso enti-settore specifico
6) Verso altri
TOTALE (II)

III. Attività finanziarie che non costituiscono immobilizzazioni
1) Partecipazioni in imprese controllate
2) Partecipazioni in imprese collegate
3) Partecipazioni in imprese controllanti
4) Altre partecipazioni
5) Azioni proprie
(di valore nominale complessivo pari ad euro……)
6) Altri titoli
TOTALE (III)

IV. Disponibilità liquide
1) Depositi bancari e postali
2) Assegni
3) Denaro e valori in cassa
TOTALE (IV)

TOTALE ATTIVO CIRCOLANTE (C) (I+II+III+IV)

D. RATEI E RISCONTI ATTIVI
I) Ratei attivi
II) Risconti attivi
III) Disaggio su prestiti
TOTALE RATEI E RISCONTI ATTIVI (D)

TOTALE ATTIVO

PASSIVO

A. PATRIMONIO NETTO
I. Capitale
II. Riserva da sovrapprezzo azioni
III. Riserve di rivalutazione
IV. Riserva legale
V. Riserve statutarie
VI. Riserva per azioni proprie in portafoglio
VII. Altre riserve, distintamente indicate
1) Riserva di rivalutazione *ex* art. 2426, n.4, c.c.
2) Riserva per deroghe *ex* art. 2423, comma 4, c.c.
3) Riserva ammortamenti anticipati
4) Riserva straordinaria
5) Riserva *ex* art. 4 legge n. 586/96 (scuole giovanili)
6) Riserva per versamenti in c/futuro aumento di capitale
7) Riserva per copertura perdite esercizi precedenti
8) Riserva per copertura perdite esercizio in corso
VIII. Utili (perdite) portati a nuovo
IX. Utile (perdita) dell'esercizio
TOTALE (A) (I+II+III+IV+V+VI+VII+VIII+IX)

B. FONDI PER RISCHI E ONERI
1) Per trattamento di quiescenza e obblighi simili
2) Per imposte, anche differite
3) Altri
TOTALE (B)

C. TRATTAMENTO FINE RAPPORTO LAVORO SUBORDINATO
TOTALE (C)

D. DEBITI con separata indicazione, per ciascuna voce, degli importi esigibili oltre l'esercizio successivo
1) Obbligazioni ordinarie
2) Obbligazioni convertibili
3) Debiti verso soci per finanziamenti
4) Debiti verso banche
5) Debiti verso altri finanziatori
6) Acconti
7) Debiti verso fornitori
8) Debiti rappresentati da titoli di credito
9) Debiti verso imprese controllate
10) Debiti verso imprese collegate
11) Debiti verso imprese controllanti
12) Debiti tributari
13) Debiti verso istituti di previdenza e di sicurezza sociale
14) Debiti per compartecipazione *ex* art. 102 *bis* N.O.I.F.
15) Debiti verso enti-settore specifico
16) Altri debiti
TOTALE DEBITI (D)

E. RATEI E RISCONTI PASSIVI
I) Ratei passivi
II) Risconti passivi
III) Aggio su prestiti
TOTALE RATEI E RISCONTI PASSIVI (E)

TOTALE PASSIVO

<u>**CONTI D'ORDINE**</u>

A) FIDEIUSSIONI
- a favore di imprese controllate
- a favore di imprese collegate
- a favore di imprese controllanti
- a favore di terzi
TOTALE FIDEIUSSIONI (A)

B) AVALLI
- a favore di imprese controllate
- a favore di imprese collegate
- a favore di imprese controllanti
- a favore di terzi
TOTALE AVALLI (B)

C) ALTRE GARANZIE PERSONALI
- a favore di imprese controllate
- a favore di imprese collegate
- a favore di imprese controllanti
- a favore di terzi
TOTALE ALTRE GARANZIE PERSONALI (C)

D) GARANZIE REALI
- a favore di imprese controllate
- a favore di imprese collegate
- a favore di imprese controllanti
- a favore di terzi
TOTALE GARANZIE REALI (D)

E) OPZIONE A TERZI CESSIONE DIRITTI PRESTAZIONE CALCIATORI

F) TERZI C/OPZIONI CESSIONI DIRITTI PRESTAZIONI CALCIATORI

G) OPZIONI DA TERZI ACQUISTI DIRITTI PRESTAZIONI CALCIATORI

H) TERZI C/OPZIONI ACQUISTI DIRITTI PRESTAZIONI CALCIATORI

I) CANONI DI LEASING A SCADERE

J) TERZI PER CANONI DI LEASING A SCADERE

L) ANTICIPI PER CREDITI DATI A FACTORING

M) CREDITI DATI A FACTORING

TOTALE CONTI D'ORDINE

Per quel che riguarda la struttura dello Stato Patrimoniale nella sezione "attività", la Figc ha ritenuto opportuno collocare tra le *"immobilizzazioni immateriali"* la *"capitalizzazione costi vivaio"* e i *"diritti pluriennali alle prestazioni dei calciatori"*, voci rappresentate al netto dei rispettivi fondi di ammortamento, mentre tra le *"immobilizzazioni finanziarie"* è collocata la voce " *compartecipazioni ex art.102 bis Noi* [44]".

L'ammortamento delle immobilizzazioni materiali ed immateriali si effettua secondo le norme vigenti in materia; un trattamento particolare è previsto solo per le voci *"diritti pluriennali alle prestazioni dei calciatori"* e *"capitalizzazione costi vivaio"*.

Nella sezione "**passività**", dopo la voce *"altri debiti"* è collocato il conto *"debiti per compartecipazioni ex art .102 bis Noif"*, mentre il fondo di fine carriera calciatori e allenatori ,anche se posto nella voce del trattamento di fine rapporto, rappresenta un debito a breve per la società, poiché le norme che regolano tale istituto impongono il versamento di quote mensili ad un apposito ente ,il quale gestisce il fondo di accantonamento delle indennità fine carriera degli allenatori e dei giocatori di calcio.

Per quanto riguarda il "**patrimonio netto**" occorre sottolineare che, in base al decreto-legge 20 settembre 1996 n. 485[45] e alla sua successiva conversione in legge, le società di calcio professionistiche possono oggi distribuire utili ai soci, mentre precedentemente erano obbligate ad utilizzarli esclusivamente per il raggiungimento delle proprie finalità sportive[46].

Spieghiamo ora il significato di alcune delle voci più importanti dello Stato Patrimoniale:

<u>ATTIVO</u>

<u>IMMOBILIZZAZIONI</u>

I. *IMMOBILIZZAZIONI IMMATERIALI*

<u>Diritti pluriennali alle prestazioni dei calciatori</u>

I diritti pluriennali alle prestazioni dei calciatori sono iscritti al costo storico di acquisizione comprensivo degli eventuali oneri accessori di diretta imputazione, e gli importi sono al netto delle quote di ammortamento che sono state calcolate in misura costante in relazione alla durata dei contratti stipulati con i singoli calciatori professionisti. L'esercizio di decorrenza dell'ammortamento è quello in cui avviene il tesseramento del calciatore. Per i diritti acquisiti in corso d'esercizio l'ammortamento ha inizio dalla data di disponibilità del calciatore utilizzando il metodo del pro-rata temporis. Il piano di ammortamento originario subisce le modificazioni conseguenti al prolungamento del contratto a seguito dell'eventuale rinnovo anticipato dello stesso. Il nuovo piano di ammortamento, a quote costanti, tiene conto del valore netto contabile del diritto alla data del prolungamento del contratto e della nuova durata dello stesso. Nell'esercizio chiuso al 30 giugno 2003, è stata concessa, a tutte le società di calcio professionistiche, la facoltà di avvalersi della disposizione prevista dall'art.3 della legge 21 febbraio 2003, n. 27 che ha introdotto l'art. 18 bis della legge 23 marzo 1981, n. 91, inerente alla svalutazione dei diritti pluriennali delle prestazioni dei calciatori, determinata sulla base di apposita

---

[44] Noif: Norme organizzative interne Figc;
[45] par. 1.2.2 modifiche legislative sulle società sportive: legge n. 91/1981;
[46] "l'atto costitutivo deve prevedere che una quota parte degli utili,non inferiori al 10%,sia destinata a scuole giovanili di addestramento di formazione tecnico-sportiva";

perizia giurata. L'importo complessivo della predetta svalutazione, ove applicata, è stato classificato nell'apposita voce compresa nelle componenti attive dello Stato Patrimoniale.

I diritti pluriennali alle prestazioni dei calciatori sono iscritti in bilancio alla data di stipulazione del contratto, ovvero a quella successiva alla stipula del contratto concordemente stabilita dalle parti, alla quale retroagisce, ai sensi dell'art. 1360 c.c., l'effetto del visto di esecutività rilasciato dalla Lega Nazionale Professionisti/Lega Professionisti Serie C per i trasferimenti nazionali, o dall'effetto del rilascio del certificato internazionale di trasferimento (c.d. "transfert") da parte della Federazione Italiana Giuoco Calcio per i trasferimenti internazionali. In mancanza di una previsione contrattuale circa l'efficacia del contratto, il momento temporale per l'iscrizione in bilancio è quello del visto di esecutività rilasciato dalla Lega Nazionale Professionisti/Lega Professionisti Serie C per i trasferimenti nazionali, o dall'effetto del rilascio del certificato internazionale di trasferimento (c.d. "transfert") da parte della Federazione Italiana Giuoco Calcio per i trasferimenti internazionali. In tale voce sono compresi, altresì, i costi pluriennali sostenuti dalla società per il tesseramento quale professionisti di calciatori provenienti da società dilettantistiche, o società estere che hanno contribuito alla formazione tecnica dei calciatori stessi.

Per quanto riguarda il giocatore proveniente dal settore giovanile bisogna distinguere se appartiene al proprio vivaio o a quello di altre squadre, in quest'ultimo caso la società cessionaria corrisponde il premio di addestramento e formazione tecnica ed iscrive il costo tra le immobilizzazioni immateriali, mentre la cedente rileva una sopravvenienza attiva[47]. Se, invece, il giocatore tesserato proviene dal proprio vivaio, non si ha nessuna movimentazione contabile.

Capitalizzazione costi del vivaio

I costi sostenuti per la "promozione *e l'organizzazione del settore giovanile* ", aventi utilità pluriennale, sono capitalizzati nella loro globalità, senza riferimento alcuno ai singoli calciatori e sono capitalizzati al termine di ciascun esercizio, in quanto le disposizioni federali impediscono di fare altrimenti, visto che i giocatori svolgono attività di natura dilettantistica e non sono vincolati da un contratto di lavoro.

I principali costi patrimoniali sono rappresentati da:
- premi di formazione e di addestramento tecnico corrisposti ai giovani calciatori;
- vitto, alloggio, spostamenti per gare;
- rimborsi spese ai calciatori;
- spese per allenatori, istruttori e tecnici del vivaio;
- spese sanitarie;

Tali costi capitalizzati trovano collocazione tra le immobilizzazioni immateriali nella voce " *capitalizzazione così vivaio* "[48].

In tale voce anche sono ricompresi, altresì, i premi di preparazione riconosciuti, ai sensi dell'art. 96 N.O.I.F., alle società dilettantistiche/professionistiche a seguito del tesseramento da parte della società di giovani calciatori da queste provenienti. Sono ammortizzati in quote costanti per un periodo di cinque anni a decorrere dall'esercizio in cui tali costi vengono sostenuti.

---

[47] l'art. 1 del D.L. 20 settembre 1996 n. 485 ,successivamente convertito in legge e sostituito dall'art. 6 della legge 23 marzo 1981 n. 91 ,ha,infatti,disciplinato tale premio di addestramento e formazione tecnica relativo all'acquisto di un calciatore non professionista,abrogando e modificando le precedenti disposizioni relative all'indennità de preparazione e promozione;

[48] L'importo di tali costi è presente anche nel conto economico nel valore della produzione alla voce <<incrementi di immobilizzazioni per lavori interni>>.il trattamento contabile di tali costi è del tutto analogo a quanto avviene per le costruzioni in economia nelle società industriali,quando,cioè,vendono prodotti all'interno dell'azienda dei beni strumentali utilizzando impianti,macchinari,attrezzature e personale dell'azienda stessa.

II. *IMMOBILIZZAZIONI MATERIALI*

Le immobilizzazioni materiali sono iscritte al costo di acquisizione comprensivo degli oneri accessori di diretta imputazione, eventualmente aumentato, per alcune di esse,
dall'applicazione di leggi di rivalutazione monetaria ed economica, come specificato "ai *sensi dell'art. 10 legge n. 72 del 19 marzo 1983 "dove* si precisa che non sono state effettuate rivalutazioni monetarie o economiche.
I valori attivi delle immobilizzazioni materiali sono rettificati, direttamente "in conto" come richiesto dallo schema di Stato Patrimoniale, da quote annuali di ammortamento calcolate in modo sistematico e costante, ridotte al 50% per i beni acquisiti nell'esercizio, sulla base di aliquote ritenute rappresentative della vita utile economico-tecnica stimata dei cespiti.
Rientrano in questa voce:
1. terreni e fabbricati;
2. impianti e macchinari;
3. attrezzature industriali e commerciali;
4. altri beni;
5. immobilizzazioni in corso e acconti;

Le spese di manutenzione e riparazione sono imputate direttamente al conto economico nell'esercizio di sostenimento se di natura ordinaria, ovvero capitalizzate se di natura incrementativa.

III. *IMMOBILIZZAZIONI FINANZIARIE*

<u>Partecipazioni in imprese controllate, collegate, controllanti e altre imprese</u>

Le partecipazioni sono valutate al costo di acquisto o di sottoscrizione, comprensivo degli oneri accessori di diretta imputazione. Se alla data di chiusura dell'esercizio, i bilanci delle società partecipate, sulla base dei dati disponibili, evidenziano perdite reputate non recuperabili con utili futuri, si procede alla svalutazione delle partecipazioni di modo che il valore netto risulti pari alla quota proporzionale di patrimonio netto contabile della società partecipata.
Qualora nei successivi esercizi vengano meno i motivi della rettifica effettuata, il valore della partecipazione è ripristinato nel limite del costo di acquisto.

Compartecipazioni ex art. 102 bis N.O.I.F.

Questo articolo regola quello che viene definito un " *accordo di compartecipazione* ", tale accordo si ha nel momento in cui una società che ha acquistato il diritto alle prestazioni sportive di un calciatore professionista per effetto della cessione definitiva di un contratto, stipula contemporaneamente un altro accordo con la *società cedente,* per la partecipazione agli effetti patrimoniali conseguenti la titolarità del contratto[49].
Tale accordo è, dunque, formato da due distinti contratti : uno con il quale la *società cedente* trasferisce il diritto a titolo definitivo all'utilizzo delle prestazioni sportive di un calciatore, ha una validità pluriennale in quanto produce i suoi effetti per tutto l'arco di tempo in cui il giocatore

---

[49] .si veda l'articolo 102 bis Noif, 2° comma;

svolge la sua attività presso la società acquirente ed ha natura patrimoniale ed identifica un bene immateriale(da inserire, come abbiamo visto, nelle immobilizzazioni immateriali alla voce " *diritti pluriennali alle prestazioni dei calciatori* "); il secondo con il quale la *società cessionaria* acquisisce il diritto di partecipare agli eventuali effetti patrimoniali scaturenti dal primo contratto, anch'esso ha per la società una natura patrimoniale, ma rappresenta una attività finanziaria da includere nello stato patrimoniale tra le immobilizzazioni finanziarie.

Per la società cedente, comporta l'iscrizione di una passività finanziaria da collocarsi nel passivo dello stato patrimoniale alla voce " *debiti per compartecipazioni ex art. 102 bis Noi* "[50].

ATTIVO CIRCOLANTE

I. *RIMANENZE*

Sono iscritte in bilancio al minore tra il costo di acquisto, comprensivo degli oneri accessori, ed il presumibile valore di realizzazione desumibile dall'andamento del mercato alla chiusura dell'esercizio.

Hanno comunque una rilevanza molto modesta nelle società di calcio e sono costituite soprattutto dal materiale sportivo e da quello sanitario, che viene acquistato nel corso dell'esercizio.

II. *CREDITI DELL'ATTIVO CIRCOLANTE*

Tra le voci dell'attivo dello stato patrimoniale di una società di calcio, una delle più rilevanti è sicuramente quella dei crediti.

I crediti sono valutati in base al valore di presumibile realizzo di cui si è tenuto conto operando opportune svalutazioni dei crediti di dubbia esigibilità.

Sono composti dai:
1. crediti verso clienti;
2. crediti verso le imprese collegate/controllate/controllanti;

La voce " *crediti v/clienti* " (come l'analoga voce " *debiti v/fornitori* " nelle passività) si riferisce principalmente alle operazioni di *compravendita* dei giocatori effettuate con altre società calcistiche.

RATEI E RISCONTI ATTIVI

La voce si riferisce in particolare a risconti derivanti da contratti, da diritto d'opzione e dall'imposta sugli spettacoli relativa alle fatture emesse, nonché a premi assicurativi ed a fatture dei fornitori la cui competenza è a cavallo dell'esercizio in esame.

PASSIVO

PATRIMONIO NETTO

Le squadre di calcio hanno la caratteristica di avere un capitale soggetto a frequenti variazioni.

Per questo motivo all'interno del patrimonio netto si può trovare la voce " *Riserva per versamenti in c/futuro aumento di capitale* " (nella quale si riversano i finanziamenti dei soci), la quale viene utilizzata per ripianare le frequenti perdite delle società calcistiche che tendono ad assorbire, più risorse di quante ne generino.

---

[50] vedi : Franco Rubino : << un approccio manageriale alla gestione delle società di calcio>> ed. Franco Angeli - anno:2004

FONDI PER RISCHI ED ONERI

Tale voce accoglie gli stanziamenti atti a fronteggiare oneri e perdite certe o probabili, per i quali, alla chiusura del periodo, non erano determinabili l'ammontare o la data di sopravvenienza. Gli stanziamenti riflettono la migliore stima possibile sulla base delle informazioni disponibili.

Nella redazione del bilancio in commento si è tenuto conto dei rischi e delle perdite, anche se conosciuti dopo la chiusura dell'esercizio, la cui competenza economica sia riconducibile a tale data, operando, laddove necessario, appositi accantonamenti a fondi rischi e oneri futuri.

TRATTAMENTO DI FINE RAPPORTO DI LAVORO SUBORDINATO

La passività per trattamento di fine rapporto, soggetta a rivalutazione a mezzo di indice, esprime il debito maturato nei confronti dei dipendenti alla chiusura dell'esercizio, in conformità all'art. 2120 c.c. ed ai contratti collettivi di lavoro.[51]

DEBITI

I debiti che una società affiliata alla Figc può assumere possono essere classificati in "debiti ricorrenti "per la gestione ordinaria e in "debiti sorti "per far fronte ad *operazioni straordinarie ed eccezionali.*

Tra i primi si comprendono tutti i debiti sviluppatisi nell'ambito di operazioni che rientrano nell'attività *caratteristica* delle società ed in particolare i debiti verso i fornitori di beni e servizi, verso il personale, verso l'erario e verso gli istituti previdenziali.

Per quanto riguarda i " debiti sorti " per far fronte ad operazioni straordinarie od eccezionali, invece, è opportuno ricordare che in seguito alle novità apportate alla legge n. 91/1981 e dal D.L. 20 settembre 1996 n. 445, tutte le deliberazioni delle società riguardanti esposizioni finanziarie, acquisto o vendita di beni immobili o, comunque, tutti gli atti di straordinaria amministrazione sono soggetti all'approvazione della Covisoc [52].

Pertanto, tutti gli indebitamenti di gestione non ordinaria, non hanno rilevanza, neanche contabile, fino all'approvazione da parte del citato organo di vigilanza della Figc.

Tutti i debiti devono essere distinti in importi scadenti entro 12 mesi ed importi oltre i 12 mesi, assicurando in questo modo un'informazione utile ai fini di eventuali analisi finanziarie.

RATEI E RISCONTI PASSIVI

Trattasi di accantonamenti relativi a spese di competenza dell'esercizio e del differimento di ricavi di competenza del prossimo esercizio.

I risconti passivi possono essere particolarmente elevati per la fatturazione anticipata dei diritti televisivi e per l'incasso anticipato degli abbonamenti per la stagione successiva o pluriennali.

---

[51] l'articolo 2120 c.c. prevede che il lavoratore subordinato ha diritto, all'atto della cessazione del rapporto, al T.F.R. che si calcola sommando per ciascun anno di servizio una quota pari alla retribuzione (compreso l'equivalente delle prestazioni in natura) dovuta per l'anno stesso divisa per 13,5. L'art. 2120 del Codice civile prevede, poi, che gli accantonamenti annuali vengono rivalutati con l'applicazione di un tasso composto dall'1,5% fisso e dal 75% dell'aumento dell'indice dei prezzi al consumo.

[52] si veda l'art. 4 comma 2° ,D.L. 20 settembre 1996, n. 485

CONTI D'ORDINE

Evidenziano gli impegni assunti, le garanzie ricevute e/o prestate e i beni di terzi presso la società o di proprietà della società presso terzi, e sono contabilizzati al valore nominale.

3.3.2 CONTO ECONOMICO[53]

CONTO ECONOMICO

A. VALORE DELLA PRODUZIONE
1) Ricavi delle vendite e delle prestazioni
a) ricavi da gare in casa
b) percentuale su incassi gare da squadre ospitanti
c) abbonamenti
2) Variazione delle rimanenze di materiale di prodotti in corso di lavorazione, semilavorati e finiti
3) variazione dei lavori in corso su ordinazione
4) Incrementi di immobilizzazione per lavori interni e capitalizzazione costi vivaio
5) Altri ricavi e proventi
a) contributi in conto esercizio
b) proventi da sponsorizzazioni
c) proventi pubblicitari
d) proventi commerciali e royalties
e) proventi da cessione diritti televisivi
- proventi televisivi
- percentuale su diritti televisivi da squadre ospitanti
- proventi televisivi da partecipazione competizioni U.E.F.A.
f) proventi vari
g) ricavi da cessione temporanea prestazioni calciatori
h) plusvalenze da cessione diritti pluriennali prestazioni calciatori
i) altri proventi da gestione calciatori
l) ricavi e proventi diversi
TOTALE VALORE DELLA PRODUZIONE (A)

B. COSTI DELLA PRODUZIONE
6) Per acquisti materiale di consumo e di merci
7) Per servizi
8) Per godimento di beni di terzi
9) Per il personale
a) salari e stipendi
b) oneri sociali
c) trattamento di fine rapporto
d) trattamento di quiescenza e simili
e) altri costi
10) Ammortamenti e svalutazioni
a) ammortamenti immobilizzazioni immateriali
b) ammortamenti immobilizzazioni materiali
c) altre svalutazioni delle immobilizzazioni
d) svalutazioni dei crediti compresi nell'attivo circolante e nelle disponibilità liquide
11) Variazioni delle rimanenze di materiale di consumo e di merci
12) Accantonamenti per rischi
13) Altri accantonamenti
14) Oneri diversi di gestione
a) spese varie organizzazione gare
b) tasse iscrizione gare
c) oneri specifici verso squadre ospitate
- percentuale su incassi gare a squadre ospitate
- percentuale su diritti televisivi a squadre ospitate
d) costi per acquisizione temporanea prestazioni calciatori
e) minusvalenze da cessione diritti pluriennali prestazioni calciatori
f) altri oneri da gestione calciatori

---

[53] Fonte: *www.figc.it* – riferimento : schema di bilancio civilistico elaborato dalla FIGC;

g) altri oneri diversi di gestione
TOTALE COSTI DELLA PRODUZIONE (B)
DIFFERENZA TRA VALORE E COSTI DELLA PRODUZIONE (A-B)

C. PROVENTI E ONERI FINANZIARI
15) Proventi da partecipazioni
a) in imprese controllate
b) in imprese collegate
d) in altre imprese
16) Altri proventi finanziari
a) da crediti iscritti nelle immobilizzazioni
- imprese controllate
- imprese collegate
- imprese controllanti
b) da titoli iscritti nelle immobilizzazioni che non costituiscono partecipazioni
c) da titoli iscritti nell'attivo circolante che non costituiscono partecipazioni
d) proventi diversi dai precedenti
- imprese controllate
- imprese collegate
- imprese controllanti
e) proventi da compartecipazioni *ex* art. 102 *bis* NOIF
17) Interessi ed altri oneri finanziari
a) verso imprese controllate
b) verso imprese collegate
c) verso imprese controllanti
d) altri oneri finanziari
e) oneri da compartecipazioni *ex* art. 102 *bis* NOIF
17 bis) Utile e perdite su cambi
a) utile su cambi
b) perdite su cambi
TOTALE PROVENTI ED ONERI FINANZIARI (C)

D. RETTIFICHE DI VALORE DI ATTIVITA' FINANZIARIE
18) Rivalutazioni
a) di partecipazioni
b) di immobilizzazioni finanziarie che non costituiscono partecipazioni
c) di titoli iscritti all'attivo circolante che non costituiscono partecipazioni
19) Svalutazioni
a) di partecipazioni
b) di immobilizzazioni finanziarie che non costituiscono partecipazioni
c) di titoli iscritti nell'attivo circolante che non costituiscono
partecipazioni
TOTALE DELLE RETTIFICHE (D)
E. PROVENTI E ONERI STRAORDINARI
20) Proventi
a) plusvalenze da alienazioni
b) sopravvenienze attive straordinarie
c) altri proventi straordinari
21) Oneri straordinari
a) minusvalenze da alienazioni
b) imposte relative ad esercizi precedenti
c) sopravvenienze passive straordinarie
d) altri oneri straordinari
TOTALE DELLE PARTITE STRAORDINARIE (E)

RISULTATO PRIMA DELLE IMPOSTE (A - B + - C + -D + - E)
22) Imposte sul reddito dell'esercizio
a) imposte correnti
b) imposte differite
c) imposte anticipate

UTILE (PERDITA) DELL'ESERCIZIO

La Figc sottolinea la necessità di redigere il conto economico secondo quanto disposto dall'articolo 2425 del Codice civile[54].

Ora passiamo all'analisi delle voci più importanti:

<u>VALORE DELLA PRODUZIONE</u>

<u>Ricavi delle vendite delle prestazioni</u>

Si riferiscono ai ricavi conseguiti dalla vendita dei biglietti e degli abbonamenti per assistere alle partite della prima squadra e delle squadre giovanili. In particolare, sono così costituiti:

Valori in migliaia di €	*Esercizio in corso*	*Esercizio precedente*	*Variazioni*
Ricavi da gare in casa prima squadra:			
- Gare Campionato			
- Gare Coppa Italia			
- Gare Coppe internazionali			
- Altre Gare			
Percentuale su incassi da gare squadre ospitanti- gare fuori casa:			
- Gare Campionato			
- Gare Coppa Italia			
- Altre Gare			
Abbonamenti			
Ricavi da gare squadre giovanili			
Totale			

In particolare, la voce *Percentuale su incassi gare da squadre ospitanti* è pari a quanto riconosciuto, (percentuale sui proventi da biglietteria ed abbonamenti) dalle squadre ospitanti nel corso delle competizioni nazionali.

---

[54] l'art. 2425 c.c. Libro Quinto del lavoro-Titolo V delle società –Capo V della società per azioni - Sezione IX del bilancio :specifica in maniera precisa il Contenuto del conto economico. Riscritto dal Decreto Legislativo 17 gennaio 2003, n. 6 (aggiornato con D.L. 06/02/04, n. 37, D.L. 8 dicembre 2004, n. 310 e Legge 28/1272005, n. 262)

Altri ricavi e proventi

In particolare, tali proventi si compongono di:

Valori in migliaia di €	Esercizio in corso	Esercizio precedente	Variazioni
Contributi in conto esercizio			
Proventi da sponsorizzazioni			
Proventi pubblicitari			
Proventi commerciali e royalties			
Proventi da cessione diritti televisivi:			
- Proventi televisivi			
- Percentuale su diritti televisivi da squadre ospitanti			
- Proventi televisivi da partecipazione competizioni U.E.F.A.			
Proventi vari:			
- Proventi radiofonici			
- Proventi telefonici			
- Proventi editoriali			
- Proventi di sfruttamento diritti d'immagine tesserati			
- Concessioni varie			
Ricavi da cessione temporanea prestazioni calciatori			
Plusvalenze da cessione dei diritti pluriennali alle prestazioni dei calciatori			
Altri proventi da gestione calciatori:			
- Premi di valorizzazione calciatori			
- Premi di preparazione *ex* art. 96 N.O.I.F.			
- Indennità di formazione F.I.F.A.			
- Contributo di solidarietà F.I.F.A.			
Altri ricavi e proventi			
Totale			

- I *"Contributi in conto esercizio"* si riferiscono ai contributi federali erogati nel corso della stagione sportiva dalla Lega Nazionale professionisti/Lega Professionisti Serie C.

- I *"Proventi da sponsorizzazioni"* si riferiscono, ai corrispettivi pagati dallo Sponsor Ufficiale ed ai corrispettivi pagati dallo Sponsor Tecnico per l'acquisto del diritto ad apporre il proprio marchio sulle divise da giuoco ufficiali della società. I proventi da altre sponsorizzazioni si riferiscono ai corrispettivi dei contratti con Sponsor istituzionali, Fornitori ufficiali e tecnici e Partner commerciali.

- I *"Proventi pubblicitari"* si riferiscono principalmente ai ricavi relativi alla cartellonistica pubblicitaria all'interno dello stadio per le partite casalinghe della prima squadra.

- I *"Proventi commerciali e royalties"* si riferiscono principalmente ai ricavi derivanti dall'attività di merchandising e di licensing.

- I *"Proventi televisivi"*, derivano dalla cessione dei diritti di ripresa e trasmissione televisiva delle partite di calcio.

- La *"Percentuale su diritti televisivi da squadre ospitanti"*, rappresenta la percentuale sui proventi da cessione dei diritti televisivi riconosciuta, a titolo di mutualità, dalle squadre ospitanti.

- I *"Proventi televisivi da partecipazione competizioni U.E.F.A."* rappresentano l'importo corrisposto dall'U.E.F.A. alla società, e derivano dalla negoziazione e dallo sfruttamento dei diritti televisivi per le partecipazioni alle competizioni europee.

- I *"Proventi radiofonici"* derivano dalla cessione dei diritti di radiocronaca delle partite di calcio.

- I *"Proventi telefonici"* derivano dalla cessione dei diritti di diffusione di dati e notizie tramite SMS e WAP, nonché per la diffusione, tramite tecnologia GPRS e UMTS, di immagini audiovisive.

- I *"Proventi editoriali"* *si* riferiscono principalmente ai corrispettivi relativi alla pubblicazione della rivista ufficiale della società.

- I *"Premi di valorizzazione calciatori"* si riferiscono ai corrispettivi pagati dalle società che hanno ceduto a titolo temporaneo il calciatore per   l'utilizzo dello stesso in prima squadra.

- I *"Premi di preparazione"* si riferiscono ai corrispettivi riconosciuti alla società, in base all'art. 96 N.O.I.F., per aver contribuito alla formazione tecnica di giovani calciatori tesserati presso altre società al termine del vincolo annuale o biennale.

- Le *"Indennità di formazione"* *si* riferiscono ai corrispettivi riconosciuti alla società, per aver contribuito alla formazione tecnica di calciatori che stipulano un contratto professionistico con società estere, in base alla normativa F.I.F.A. sui trasferimenti internazionali.

- Il *"Contributo di solidarietà"* si riferisce al corrispettivo riconosciuto nell'ambito dei trasferimenti internazionali alla società per aver concorso alla formazione tecnica di calciatori ceduti da società estere nel corso dell'esercizio, in osservanza a quanto disposto dalla normativa F.I.F.A. (c.d. "meccanismo di solidarietà").

- Tra i *"ricavi e proventi diversi"* *si* segnalano gli indennizzi assicurativi corrisposti a seguito di infortuni occorsi ai calciatori, le sopravvenienze attive ed altri ricavi e proventi di natura residuale.

COSTI DELLA PRODUZIONE

<u>Costi per prestazioni di servizi</u>

Risultano essere così composti:

Valori in migliaia di €	*Esercizio in corso*	*Esercizio precedente*	*Variazioni*
Costi per tesserati			
Costi per attività sportiva			
Costi specifici tecnici			
Costi vitto, alloggio, locomozione gare			
Servizio biglietteria, controllo ingressi			
Assicurative e previdenziali			
Amministrative, pubblicitarie e generali			
Altri			
Totale			

- I *"Costi per tesserati"* sono relativi a spese sostenute per l'assistenza sanitaria e per allenamenti e ritiri della prima squadra e del settore giovanile.

- I *"Costi per attività sportiva"* sono relativi a compensi a sanitari, massaggiatori e altri consulenti esterni, compensi per borse di studio.

- I *"Costi specifici tecnici"* sono composti da consulenze tecnico-sportive prestate in fase di acquisizione dei calciatori e costi per l'osservazione dei calciatori.

- I *"Costi di vitto, alloggio e locomozione gare* sono composti da spese sostenute per le gare in trasferta della prima squadra.

- Le *"Spese assicurative e previdenziali"* si riferiscono principalmente ai premi pagati per assicurare il patrimonio calciatori e la copertura per gli stipendi in caso di infortuni.

- Le *"Spese amministrative, pubblicitarie e generali"* comprendono gli emolumenti ad Amministratori e Sindaci, le consulenze commerciali, fiscali ed informatiche, le provvigioni agli intermediari, spese pubblicitarie, le commissioni bancarie e premi su fideiussioni rilasciate da istituti di credito e compagnie assicurative e altre consulenze e spese generali diverse.

<u>Ammortamenti e svalutazioni</u>

- Gli ammortamenti delle immobilizzazioni immateriali si compongono:
  - dell'ammortamento dei diritti pluriennali alle prestazioni dei calciatori calcolati con aliquote proporzionate alla durata dei rispettivi contratti[55];
  - dall'ammortamento, di competenza dell'esercizio a seguito della rettifica   di valore *ex* art. 18 *bis* legge n. 91/1981;

---

[55] E' importante individuare nel criterio di ammortamento la natura del bene del calciatore: ciò che la società possiede e ammortizza non è il calciatore o il suo valore ,bensì il valore del diritto ad utilizzare le sue prestazioni agonistiche ,il quale è determinato in base al valore di mercato al momento della sua cessione di contratto;il metodo di ammortamento è stato poi stabilito dalla Figc con una ripartizione del costo iscritto in bilancio in quote costanti per l'intera durata del contratto che vincla il calciatore alla società cessionaria del diritto;

- o dell'ammortamento delle altre immobilizzazioni immateriali;

- Le svalutazioni delle immobilizzazioni immateriali si compongono:
  - o della svalutazione dei diritti pluriennali alle prestazioni dei calciatori relativi ai seguenti calciatori(esempio):
    - per il calciatore............... (dettagliare il motivo della svalutazione);
    - per il calciatore............... (dettagliare il motivo della svalutazione);
    - ....;
  - o della svalutazione delle altre immobilizzazioni immateriali (da specificare in dettaglio);

Oneri diversi di gestione

Gli oneri diversi di gestione riguardano:

Valori in migliaia di €	Esercizio in corso	Esercizio precedente	Variazioni
Spese varie organizzazione gare			
Spese per gare ufficiali			
Tasse iscrizioni gare			
Oneri specifici verso squadre ospitate:			
-Percentuale su incassi gare a squadre ospitate			
- Percentuale su diritti televisivi a squadre ospitate			
Costi per acquisizione temporanea prestazioni calciatori			
Minusvalenze da cessione diritti pluriennali alle prestazioni dei calciatori			
Altri oneri da gestione calciatori:			
- Costi valorizzazione calciatori			
- Contributo di solidarietà			
- Premio alla carriera *ex* art. 99 *bis* N.O.I.F.			
Altri oneri di gestione:			
- Spese, ammende e multe gare			
- Imposte e tasse sugli incassi			
- Oneri tributari indiretti			
-Altri			
Totale			

- La voce *"oneri specifici verso squadre ospitate" fa riferimento*:
  - o alla "Percentuale *su incassi gare a squadre ospitate"* pari a quanto riconosciuto (percentuale sui proventi da biglietteria ed abbonamenti), a titolo di mutualità, alle squadre ospitate nel corso delle competizioni nazionali;
  - o Alla "Percentuale *su diritti televisivi a squadre ospitate "pari* a quanto riconosciuto (percentuale sui proventi da cessione dei diritti televisivi), a titolo di mutualità, alle squadre ospitate nel corso delle competizioni nazionali.

- I *"Costi di valorizzazione calciatori"* si riferiscono ai corrispettivi pagati alle società alle quali il calciatore è stato ceduto a titolo temporaneo per l'utilizzo dello stesso in prima squadra.

- Il *"Contributo di solidarietà"* si riferisce al corrispettivo riconosciuto nell'ambito dei trasferimenti internazionali alle squadre estere che hanno concorso alla formazione tecnica di calciatori ceduti dalla società nel corso dell'esercizio, in osservanza a quanto disposto dalla normativa F.I.F.A. (c.d. "meccanismo di solidarietà").

- Gli *"altri oneri di gestione"* includono principalmente le seguenti voci:
  - *"Spese, ammende e multe gare "riferite* alla quota di contribuzione per la Lega Nazionale Professionisti/Lega Professionisti Serie C; nonché alle ammende sportive comminate dalla Lega Nazionale Professionisti/Lega Professionisti Serie C;
  - *"Oneri tributari indiretti "si* riferiscono all'accantonamento di sanzioni ed interessi per omessi/ritardati versamenti di imposte e ritenute, Iva indetraibile, ed altri oneri tributari.

PROVENTI ED ONERI FINANZIARI

- I " *proventi da partecipazioni* " si devono suddividere in base alla tipologia:
  - in imprese collegate;
  - in imprese controllate;
  - in altre imprese;

- Gli " *altri proventi finanziari* " sono costituiti principalmente da:
  - crediti iscritti nelle immobilizzazioni;
  - titoli iscritti nelle immobilizzazioni che non costituiscono partecipazioni;
  - titoli iscritti nell'attivo circolante che non costituiscono immobilizzazioni;
  - altri tipi di proventi…;

PROVENTI ED ONERI STRAORDINARI

In questa sezione la voce più importante è quella relativa alle " Minusvalenze e Plusvalenze da alienazione dei diritti pluriennali all'utilizzo delle prestazioni dei calciatori":
Se un calciatore viene ceduto prima della scadenza del suo contratto, si configura una situazione analoga a quella della cessione di un "cespite ammortizzabile" al prezzo concordato tra la società acquirente e quella cedente. Quest'ultima confronta il prezzo di cessione con il valore contabile attribuito al diritto all'utilizzo delle prestazioni del calciatore in oggetto al netto degli ammortamenti già eseguiti.
Nel caso in cui i due valori non coincidano, se la differenza tra il valore di cessione ed il valore netto contabile è positivo, tale differenza rappresenta una plusvalenza da iscrivere nel conto economico alla voce *"plusvalenze da alienazione"*; nel caso opposto si avrà una minusvalenza da iscrivere nel conto economico tra gli oneri straordinari alla voce " *minusvalenze da alienazioni* "[56].

---

[56] vedi: Franco Rubino.<<Un approccio manageriale alla gestione delle società di calcio>> ed. Franco Angeli. Anno 2004

3.3.3 NOTA INTEGRATIVA

Il contenuto della "nota integrativa" è disciplinato dall' art. 2427 c.c.[57] ed essa rappresenta un elemento fondamentale per rispondere a quei principi di redazione ispirati alla chiarezza, alla verità e alla correttezza.

Essa non fa parte del bilancio, ma è un documento integrativo accompagnatorio obbligatorio, il suo scopo è quello di analizzare le voci dello stato patrimoniale e nel conto economico, fornendo informazioni supplementari e chiarendo gli aspetti finanziari, patrimoniali ed economici delle operazioni di gestione effettuate nell'esercizio[58].

Secondo quanto dettato dal Codice civile la Nota Integrativa[59] è composta da 22 punti che devono essere trattati in sede di redazione, tra questi di sicuro quelli più importanti sono:

- Criteri di valutazione e principi di redazione del bilancio;
- Movimenti delle immobilizzazioni;
- Indicazione e motivi delle capitalizzazioni;
- Variazione delle voci dell'attivo e del passivo;
- Composizione dei ratei e risconti;
- Composizione dei proventi e oneri straordinari;

In relazione alle società calcistiche, risultano particolarmente importanti l'indicazione e l'analisi:

a) dei criteri di valutazione e di ammortamento (e le motivazioni economiche che ne hanno determinato le eventuali modificazioni) dei diritti pluriennali alle prestazioni dei calciatori e dei costi capitalizzati per il vivaio;

b) delle movimentazioni contabili delle immobilizzazioni materiali, le quali, comunque, non presentano una posta di rilievo nell'economia delle società in questione;

c) dalla ripartizione analitica dei ricavi, distinguendo quelli derivanti da eventi sportivi, da quelli da cessione temporanea dei calciatori, da sponsorizzazioni, da contributi in conto esercizio, ecc.; ed analogamente lo stesso discorso per i costi, costi del vivaio, di gestione e di struttura, ecc.;

d) del numero medio di dipendenti: dato che gli sportivi professionisti sono assunti come lavoratori dipendenti e per maggiore chiarezza e trasparenza nella *nota integrativa* deve essere indicato il loro numero, separatamente da quello degli altri lavoratori;

La federazione nell'ambito di un documento per l'attuazione delle disposizioni relative al D.L. n. 127/1991, ha preposto alcuni allegati alla nota integrativa[60] ,così da agevolare la rappresentazione di

---

[57] Art . 2427 c.c. Contenuto della nota integrativa. Libro V del lavoro – Titolo V delle società – Capo V della società per azioni –sezione IX del bilancio;

[58] Franco Rubino: "Un approccio manageriale alla gestione delle società di calcio" . Franco Angeli ed. 2004;

[59] In vigore dal 1/1/2004 - D.lgs. 17 gennaio 2003, n. 6 (G.U. 22 gennaio 2003, suppl. ordinario n. 8) ;

[60] Gli allegati proposti sono i seguenti :
  1) prospetto delle immobilizzazioni materiali ed i relativi ammortamenti cumulati;
  2) prospetto rivalutazioni beni materiali;
  3) prospetto delle immobilizzazioni immateriali ed i relativi ammortamenti cumulati;

alcune delle richieste dell'art. 2427 e, contemporaneamente, di prevedere la compilazione di ulteriori documenti per il controllo.

---

4) prospetto delle variazioni dei conti di patrimonio netto;
5) prospetto variazione esercizio dei debiti;
6) prospetto dell'indebitamento verso banche ed altri enti finanziatori;
7) prospetto dei debiti verso banche a breve termine;
8) prospetto dei debiti a medio e lungo termine verso banche ed altri finanziatori suddivisi per tipo di garanzia concessa;
9) prospetto debiti per valuta;
10) prospetto dei debiti verso fornitori ed altri;
11) prospetto delle variazioni intervenute nelle immobilizzazioni materiali;
12) prospetto delle partecipazioni in imprese controllate e collegate possedute;
Fonte: www.figc.it – (documento della Figc dell'ottobre del 1993);

APPENDICE

ALLEGATO A

Bilancio AC MILAN al 31 dicembre 2006

Il 27 aprile 2007 i signori azionisti dell'AC Milan sono stati convocati in assemblea, i punti all'ordine del giorno erano:

1. Approvazione del bilancio al 31 dicembre 2006, relazione del Consigli di Amministrazione sulla gestione, relazione del Collegio Sindacale redatta ai sensi dell'art. 2429 [61]del Codice civile e relazione del soggetto incaricato al controllo contabile; deliberazioni inerenti e conseguenti;
2. Nomina del Consiglio di Amministrazione, del suo Presidente e del suo compenso;
3. Deliberazioni inerenti all'attribuzione dell'incarico di revisione contabile;

Il bilancio di esercizio chiuso al 31 dicembre 2006 ha evidenziato un utile d'esercizio di euro 2.477.791,00, a fronte di un capitale sociale di euro 24.960.000,00 interamente versato, e di versamenti in conto capitale di euro 50.138.037,00, dopo aver effettuato ammortamenti per euro 26.485.946,00.

L'esercizio 2006 ha fatto registrare un fatturato, comprensivo di plusvalenze per la cessione dei calciatori, pari a euro 293,1 milioni, notevolmente superiore rispetto al fatturato dell'esercizio precedente (euro 236,2 milioni al lordo di plusvalenze).
Tale incremento è da attribuirsi principalmente alla realizzazione di importanti plusvalenze derivanti dalla cessione di giocatori, ammontanti ad euro 44,8 milioni.

Il fatturato al netto delle plusvalenze si attesta ad euro 248,3 milioni e fa registrare un incremento rispetto all'esercizio precedente (230,9 milioni di euro).

Nella redazione del bilancio di esercizio sono stati rispettati i principi contenuti nel secondo comma dell'art. 2423 c.c.[62] della chiarezza e della rappresentazione veritiera e corretta della situazione patrimoniale e finanziaria della società e del risultato economico del periodo.

Bilancio d' Esercizio

STATO PATRIMONIALE

ATTIVO	2006	2005
A) CREDITI VERSO SOCI PER VERSAMENTI DOVUTI	-	-
B) IMMOBILIZZAZIONI		
I - Immobilizzazioni immateriali		
3) Diritti di brevetto in. e di utilizzo delle opere dell'ingegno	356.323	251.673
4) Concessioni, licenze, marchi e diritti simili	262.846	244.745
7) Capitalizzazione costi vivaio	7.059.963	6.607.083
8) Diritti pluriennali alle prestazioni Calciatori	70.678.162	72.946.448
10) Altre	5.235.186	3.560.122
Totale Immobilizzazioni immateriali (I)	**83.592.480**	**83.610.071**
II - Immobilizzazioni materiali		

---

[61] L'art. 2429 c.c. titolo V delle società,capo V delle società per azioni,sezione IX del bilancio: stabilisce alcuni punti fondamentali che devono essere presi in considerazione per la relazione del Collegio Sindacale;
[62] L'art. 2423 c.c. comma 2 fissa la clausola generale,ovvero la finalità principale del bilancio d'esercizio:"deve essere redatto con chiarezza e deve rappresentare in modo veritiero e corretto la situazione patrimoniale e finanziaria della società e il risultato economico dell'esercizio".

1) Terreni e fabbricati	13.328	15.657
3) Attrezzature industriali e commerciali	423.064	469.071
4) Altri beni	193.994	238.560
5) Immobilizzazioni in corso e acconti	91.552	116.573
Totale Immobilizzazioni materiali (II)	**721.938**	**839.861**
III - Immobilizzazioni Finanziarie		
1) Partecipazioni in		
a) imprese controllate	196.685.017	196.685.017
b) imprese collegate	529.000	529.000
d) altre imprese	31.000	10.329
e) Compartecipazioni ex art. 102 bis N.O.I.F.	10.135.000	11.683.500
2) Crediti		
a) verso imprese controllate	7.665.047	466.867
d) verso altri	172.785	195.691
Totale Immobilizzazioni Finanziarie (III)	**215.217.849**	**209.570.404**
TOTALE IMMOBILIZZAZIONI (I + II + III)	**299.532.267**	**294.020.336**
C) ATTIVO CIRCOLANTE		
I - Rimanenze	-	-
II - Crediti		
1) verso clienti	20.381.957	12.420.663
2) verso imprese controllate	4.484.593	4.954.662
3) verso imprese collegate	923.949	667.839
4) verso imprese controllanti	-	245.118
4 - bis) Crediti tributari	2.960.519	5.354.429
4 - ter) Imposte anticipate	20.225.065	36.242.823
5) crediti verso enti - settore specifico		
a) entro 12 mesi	6.754.681	8.237.217
b) oltre 12 mesi	12.605.000	16.908.052
6) verso altri	1.305.031	667.839
Totale Crediti	**69.640.795**	**85.698.642**
III - Attività fina. che non costituiscono immobilizzazioni	-	-
IV - Disponibilità liquide		
1) Depositi bancari e postali	24.220.765	2.282.613
3) Denaro e valori in cassa	50.681	54.194
Totale Disponibilità liquide	**24.271.446**	**2.336.807**
TOTALE ATTIVO CIRCOLANTE	**93.912.241**	**88.035.449**
D) RATEI E RISCONTI ATTIVI		
I) Ratei attivi	8.005.798	3.110.771
II) Risconti attivi	3.339.629	3.636.341
Totale Ratei e Risconti attivi	**11.345.427**	**6.747.112**
TOTALE ATTIVO	**404.789.935**	**388.802.897**
PASSIVO E PATRIMONIO NETTO		
A) PATRIMONIO NETTO		
I - Capitale	**24.960.000**	**24.960.000**
VII a) Versamenti in conto Capitale	**50.138.037**	**53.256.036**
VIII - Utili (perdite) portati a nuovo	**-**	**-**
IX - Utile (perdita) dell'esercizio	**2.477.791**	**(4.582.000)**
IX a) - Perdita ripianata in corso d'esercizio	**-**	**-**
TOTALE PATRIMONIO NETTO (A)	**77.575.828**	**73.634.036**
B) FONDI PER RISCHI E ONERI		

1) Per trattamento di quiescenza e obblighi simili		
2) Fondi per Imposte, anche differite	261.957	615.660
3) Altri	3.054.596	3.063.000
TOTALE FONDI PER RISCHI E ONERI (B)	**3.316.553**	**3.678.660**
C) TRATTAMENTO FINE RAPPORTO LAVORO SUBORDINATO	**1.349.276**	**1.512.003**
D) DEBITI		
3) Debiti verso Soci per finanziamenti	10.995.707	12.033.949
4) Debiti verso banche		
a) entro 12 mesi	95.045.024	88.326.269
b) oltre 12 mesi	656.630	760.541
5) Debiti verso Altri Finanziatori	36.537.027	33.701.388
7) Debiti verso fornitori	22.931.445	21.690.235
9) Debiti verso imprese controllate	42.786.400	13.178.169
10) Debiti verso imprese collegate	344.470	211.854
11) Debiti verso imprese controllanti	4.416.310	3.635.579
12) Debiti tributari	19.815.335	17.115.908
13) Debiti verso istituti di previdenza e di sicurezza sociale	225.114	251.958
14) Debiti per compartecipazioni ex art. 102 bis NOIF	8.250.000	9.250.000
15) Debiti verso enti - settore specifico		
a) entro 12 mesi	28.792.097	16.552.050
b) oltre	5.130.133	13.002.600
16) Altri debiti	13.778.751	13.601.749
TOTALE DEBITI	**289.704.443**	**243.312.249**
E) RATEI E RISCONTI PASSIVI		
I) Ratei passivi	1.803.988	1.952.042
II) Risconti passivi	31.039.847	64.713.907
TOTALE RATEI E RISCONTI PASSIVI	**32.843.835**	**66.665.949**
TOTALE PASSIVO E PATRIMONIO NETTO	**404.789.935**	**388.802.897**
CONTI D'ORDINE		
Impegni e rischi di terzi	39.897.471	33.864.610
Impegni e rischi verso terzi	4.363.307	4.363.307
Impegni per acquisti di valuta	-	-
Impegni per vendita di valuta	-	-

CONTO ECONOMICO

	2006	2005
A) Valore della produzione		
1) Ricavi delle vendite e delle prestazioni		
a) ricavi da gare in casa	15.345.336	16.123.964
b) percentuale su incassi gare da squadre ospitanti	1.412.449	2.175.012
c) abbonamenti	12.328.644	13.441.079
d) ricavi da altre competizioni	-	2.898.061
4) Incr. di imam. per lavori int. e Capitalizzazione costi vivaio	3.240.625	3.072.146
5) Altri ricavi e proventi		
a) contributi in conto esercizio	259.484	12.623
b) proventi da sponsorizzazioni	29.650.256	30.679.738
c) proventi pubblicitari	-	-
d) proventi commerciali e royalties	4.043.798	16.160.428
e) proventi da cessioni diritti televisivi		
- proventi televisivi	127.984.959	98.201.831
- percentuale su diritti televisivi da squadre ospitanti	3.641.507	3.636.263
- proventi televisivi da partecipazioni competizioni U.E.F.A.	27.782.390	24.592.191
f) proventi vari	9.947.733	10.765.257
g) ricavi da cessione temporanea prestazioni calciatori	673.000	473.000
h) plusvalenze da cessione diritti pluriennali presto. calciatori	44.807.110	5.313.037
i) altri proventi da gestione calciatori	-	-
l) ricavi e proventi diversi	11.989.680	8.683.997
Totale valore della produzione (A)	**293.106.971**	**236.228.627**
B) Costi della produzione		
6) per acquisti materiale di consumo e merci	2.578.499	3.341.100
7) per servizi	47.077.498	35.989.115
8) per godimento di beni di terzi	12.800.767	11.447.297
9) per il personale		
a) salari e stipendi	129.411.938	141.187.974
b) oneri sociali	2.725.015	3.189.094
c) trattamento di fine rapporto	478.037	648.227
e) altri costi	244.475	301.868
10) ammortamenti e svalutazioni		
a) ammortamento delle immobilizzazioni immateriali	25.771.938	25.113.725
b) ammortamento Delli immobilizzazioni materiali	195.649	190.330
c) altre svalutazioni di immobilizzazioni	-	-
d) svaluta. crediti attivo circolo e disponi. liquide	518.359	150.000
14) oneri diversi di gestione		
a) spese varie per organizzazione gare	1.295.669	3.160.232
b) tasse iscrizione gare	1.150	2.780
c) oneri specifici verso squadre ospitate		
- percentuale su incassi gare a squadre ospitate	3.100.792	3.659.893
- percentuale su diritti televisivi a squadre ospitate	16.653.986	13.950.970
d) minusvalenze da cessione diritti pur. presta. calciatori	4.366.245	3.850.241
e) altri oneri gestione calciatori	281.543	813.617
f) altri oneri diversi di gestione	14.068.808	10.941.603
Totale costi della produzione (B)	**261.570.368**	**257.938.066**
Differenza fra valore e costi della produzione (A-B)	**31.536.603**	**(21.709.439)**
C) Proventi ed oneri finanziari		

16) Altri proventi finanziari		
d) proventi diversi dai precedenti	771.424	478.425
e) proventi da compartecipazioni ex art. 102 bis N.O.I.F.	-	2.348.709
17) Interessi ed altri oneri finanziari		
a) verso imprese controllate	(426.220)	-
c) verso imprese controllanti	(425.758)	(721.047)
d) altri oneri finanziari	(6.694.273)	(4.478.466)
e) oneri da compartecipazioni ex art. 102 bis N.O.I.F.	(1.250.000)	(1.650.000)
17 - bis) Utili e perdite su cambi		
a) utile su cambi	(27)	29.263
b) perdite su cambi	(579)	(30.396)
Totale proventi ed oneri finanziari (C)	**(8.025.433)**	**(4.023.512)**
D) Rettifiche di valore di attività finanziarie		
19) svalutazioni		
a) di Partecipazioni	(16.000)	(60.000)
Totale rettifiche di valore di attività finanziarie (D)	**(16.000)**	**(60.000)**
E) Proventi e oneri straordinari		
20) Proventi		
a) Plusvalenze da alienazioni	4.217	181.299.141
21) Oneri		
a) Minusvalenze da alienazioni	-	(181.541.300)
Totale proventi ed oneri straordinari (E)	**4.217**	**(242.159)**
Risultato prima delle imposte (A - B + C + D + E)	**23.499.387**	**(26.035.110)**
22) Imposte sul reddito d'esercizio		
a) imposte e tasse sul reddito d'esercizio correnti	(5.357.541)	(2.109.565)
b) imposte e tasse sul reddito d'esercizio differite e anticipate	(15.664.055)	23.562.675
Totale Imposte sul reddito d'esercizio		
26) Utile (Perdita) dell'esercizio	**2.477.791**	**(4.582.000)**

NOTA INTEGRATIVA

FORMA E CONTENUTO DEL BILANCIO D'ESERCIZIO

Il seguente bilancio è conforme al dettato degli articoli 2423 e seguenti c.c., come risulta dalla presente Nota Integrativa, redatta ai sensi dell'articolo 2427 c.c., che costituisce, ai sensi e per gli effetti dell'articolo 2423 c.c., parte integrante del bilancio d'esercizio.

La Nota Integrativa, documento accompagnatorio obbligatorio, rappresenta un elemento fondamentale per rispondere a quei principi di redazione ispirati alla chiarezza, alla verità e alla correttezza.

Lo Stato Patrimoniale e il Conto Economico sono stati redatti in base agli schemi previsti dagli articoli 2424 e 2425 c.c. [63], come modificati dal d.l. n. 6/2003(riforma del diritto societario), delle cui disposizioni si è tenuto conto anche nella predisposizione della Relazione sulla Gestione e della presente Nota Integrativa.

I prospetti di Stato Patrimoniale e Conto Economico sono stati redatti all'unità di euro, mentre la Relazione sulla Gestione e la Nota Integrativa sono espressi in migliaia di euro, se non diversamente indicato.

Nel rispettare gli schemi di cui agli art. 2424 e 2425 c.c., si è riprodotta esattamente la numerazione delle voci ivi prevista. In tal modo a ciascuna voce sarà attribuito sempre lo stesso numero rendendo, così, facilmente comparabili i bilanci di diversi esercizi.

Il Conto Economico e lo Stato Patrimoniale dell'esercizio precedente sono stati adattati per recepire le modifiche indotte dal d.l. n. 6/2003.

Nei prospetti di Stato Patrimoniale e Conto Economico sono indicate le variazioni delle singole voci.
Nella nota integrativa il commento si limita alle voci principali.

---

[63] Art. 2424 e 2425 Codice civile Titolo V delle Società,Capo V Società per Azioni,sezione IX del Bilancio,stabiliscono la struttura dello Stato Patrimoniale e del Conto Economico che deve essere adottata dalle società in sede di redazione del Bilancio d'esercizio;

ANALISI DELLE VOCI DELLO STATO PATRIMONIALE

ATTIVO

IMMOBILIZZAZIONI

I) Immobilizzazioni Immateriali

Nelle immobilizzazioni immateriali come risulta dallo stato patrimoniale in precedenza rappresentato, troviamo le voci relative ai:

- *I diritti pluriennali alle prestazioni dei calciatori*, i cui relativi importi sono al netto delle quote di ammortamento che sono state calcolate in misura costante in relazione alla durata dei contratti stipulati con i singoli calciatori professionisti.
  I diritti pluriennali alle prestazioni dei calciatori come precedentemente affermato [64],sono iscritti in bilancio alla data di stipulazione del contratto, ovvero a quella successiva alla stipulazione del contratto concordemente stabilita dalle parti. Il valore corrispondente a tale voce determina quindi il valore del parco giocatori della società.
  Sono stati calcolati in questo modo:

	31/12/2006
DPC I squadra italiani	27.159.186
DPC I squadra stranieri	31.736.809
DPC altri professionisti	11.378.991
DPC settore giovanile	320.177
Diritti d'opzione	83.000
Totale DPC	**70.678.163**

Si evince che rispetto al bilancio precedente (del 31/12/2005) vi è un decremento di tale voce corrispondente a 2.268 migliaia di euro derivante dalla compravendita dei calciatori, avvenuta nel corso del seguente esercizio.

- *Capitalizzazione costi vivaio*, tale voce si riferisce agli investimenti sostenuti specificatamente per la gestione e lo sviluppo del settore giovanile; gli stessi sono capitalizzati nelle "immobilizzazioni immateriali "e sono ammortizzati per un periodo di cinque anni, secondo quanto disposto dalle norme federali vigenti.
  La variazione di tale voce nei due esercizi (2005-2006) vede un aumento di 453 migliaia di euro ricordando che sono capitalizzabili solamente i costi di struttura e di gestione propriamente riferibili ed imputabili al "vivaio" quali: indennità di preparazione e promozione corrisposta per l'ingaggio dei giovani calciatori, vitto, alloggio, locomozione gare, rimborsi spese ai calciatori allenatori, istruttori e tecnici del vivaio, assicurazioni infortuni, spese sanitarie.

- **Altre immobilizzazioni immateriali,** gli incrementi di tale voce si riferiscono principalmente ai costi di natura incrementativa per la gestione dello Stadio di S. Siro, per la quota di competenza della Società[65].

---

[64] Vedi paragrafo 3.3: stato patrimoniale;
[65] Ricordando che i costi di gestione dello Stadio San Siro sono di competenza del Comune di Milano, dell'A.C. Milan e dell'F.C. Inter;

Al 31 dicembre 2006 ed al 31 dicembre 2005 le **"immobilizzazioni immateriali "** ammontano rispettivamente ad euro 83,593 migliaia ed euro 83,610 migliaia e sono costituite da:

Valori in migliaia di €	Esercizio 2006	Esercizio 2005	Variazioni
Diritti pluriennali alle prestazioni dei calciatori	70.678	72.946	(2.268)
Oneri pluriennali da rettifiche di valore ex art. 18 bis legge n. 91/81	0	0	0
Capitalizzazione costi vivaio	7.060	6.607	453
Costi di impianto e di ampliamento	0	0	0
Costi di ricerca, di sviluppo, di pubblicità	0	0	0
Diritti di brevetto industriale e diritti di utilizzazione delle opere dell'ingegno	356	252	104
Concessioni, licenze, marchi e diritti simili	263	245	18
Altre immobilizzazioni immateriali	5.235	3.560	1.675
Totale	**83.592**	**83.610**	**(18)**

II) Immobilizzazioni materiali

Le **"immobilizzazioni materiali"** rappresentano un insieme di tutti i fattori produttivi ad utilità pluriennale fisicamente tangibili (ad esempio, fabbricati, macchinari, impianti, automezzi, attrezzature industriali e commerciali, computer, mobili d'ufficio ecc.)[66].
Al 31 dicembre 2006 ed al 31 dicembre 2005 ammontano rispettivamente ad euro 722 migliaia ed euro 840 migliaia e sono costituite da:

Valori in migliaia di €	31/12/2006	31/12/2005	Variazioni
Terreni e fabbricati	13	16	(3)
Impianti e macchinario	0	0	0
Attrezzature industriali e commerciali	423	469	(46)
Altri beni	194	238	(44)
Immobilizzazioni in corso e acconti	92	117	(25)
Totale	**722**	**840**	**(118)**

Le variazioni che si sono verificate in corso d'esercizio sono connesse alla normale ed ordinaria attività della società.

III) Immobilizzazioni finanziarie

Le **"immobilizzazioni finanziarie"** fanno riferimento alle partecipazioni in imprese controllate, collegate e altre imprese, ed i crediti verso le stesse.
Per quel che riguarda le partecipazioni in imprese, quelle dell'AC Milan relative all'esercizio del 2006 possono essere così rappresentate:

Società	31/12/2005	Incrementi	Decrementi	31/12/2006
Imprese Controllate				
Milan Entertainment	183.756	0	0	183.756
Milan Real Estate	12.825	0	0	12.825
Fondazione Milan	104	0	0	104
Imprese Collegate				
Consorzio San Siro Duemila	520	0	0	520
Assiro	9	0	0	9

---

[66] Gran parte di questi costi è da attribuire alla gestione del Centro Sportivo di Milanello, a la gestione dei " punti franchising " ,alla gestione dello Stadio San Siro e della sede dell' A.C. Milan S.P.A con i rispettivi uffici in via Turati,3 (Milano).

Altre Imprese

Pallacanestro Olimpia	0	31	0	31
Fidi Calcio	10	0	(10)	0
Totale	**197.224**	**31**	**(10)**	**197.245**

L'importo relativo alle *imprese controllate* è pari a 196.685 migliaia di euro e si riferisce:

- per 183.756 migliaia di euro alla partecipazione del 100% detenuta nella società Milan Entertainment s.r.l. (ramo d'azienda avente per oggetto immobilizzazioni immateriali, contratti personale, crediti e debiti);
- per 12.825 migliaia di euro alla partecipazione del 100% detenuta nella società Milan Real Estate S.p.A. (ha per oggetto lo sviluppo di iniziative nel settore immobiliare);
- per 104 migliaia di euro nella fondazione Milan Onlus (costituita nel 2003 è molto impegnata nel sociale);

L'importo relativo alle *imprese collegate* è pari a 529 migliaia di euro e si riferisce:

- per 520 migliaia di euro alla compartecipazione del 50% invariata, nel Consorzio San Siro Duemila (per la gestione tecnica dello stadio San Siro);
- per nove migliaia di euro alla partecipazione alla società Assiro (che ha lo scopo di promuovere relativamente a San Siro, studi, progetti e attività);

L'importo relativo alle partecipazioni in *altre imprese* pari a 31 migliaia di euro si riferisce alla partecipazione detenuta nella società Pallacanestro Olimpia Milano s.r.l. La partecipazione nella Fidi Calcio cooperativa s.r.l. pari al 31 dicembre 2005 a 10 migliaia di euro è stata chiusa in data 7 marzo 2006.

ATTIVO CIRCOLANTE

II) crediti

Per quel che riguarda i crediti dell'Attivo Circolante questi vengono suddivisi in:
I. crediti verso i clienti;
II. crediti verso imprese controllate/collegate/controllanti;
III. crediti verso enti-settore specifico;
IV. crediti verso altri;
Possiamo facilmente notare che l'ammontare dei crediti al 31 dicembre 2006 è diminuito rispetto al totale al 31 dicembre 2005.
Al 31 dic. 2006 corrispondevano a 69.640.795 euro mentre al 31 dic. 2005 a ben 85.689.642 euro, con una variazione di ben 16.048.847 euro:

I)verso clienti e IV) corso altri

I crediti verso clienti e altri ammontano a 21.687 migliaia di euro (13.088 migliaia di euro al 31 dicembre 2005) e sono di natura commerciale. Nel corso del periodo si è provveduto all'utilizzo del fondo svalutazione crediti per 630 migliaia di euro e si è ritenuto opportuno provvedere ad un accantonamento per rischi di inesigibilità per 518 migliaia di euro;

II) e III) verso le società e gli enti del gruppo

I crediti verso le imprese controllate/controllante/consociate ed i crediti verso gli enti-settore specifici ammontano al 31 dicembre 2006 a 5.408 migliaia di euro (5.868 migliaia di euro al 31 dicembre 2005, cioè con una riduzione di circa 440 migliaia di euro rispetto all'esercizio precedente) e sono così composti:

	31/12/2006	31/12/2006	31/12/2005	31/12/2005
Controllante				
Fininvest	0	0	245	0
Controllate				
Milan Real Estate	1.233	27	735	857
Milan Entertainment	1.022	2.202	1.676	1.687
Consociate				
Alba Servizi	0	0	26	0
Albacom	0	0	247	0
Pagine Utili	32	0	7	0
Fininvest Gestione Servizi	1	0	1	0
Medusa	7	0	29	0
Publitalia	0	0	80	0
R.T.I.	886	0	278	0
Teatro Manzoni	-2	0	0	0
Totale	**3.179**	**2.229**	**3.324**	**2.544**

Come si può facilmente notare i crediti più significativi sono quelli relativi alle imprese controllate (Milan Real Estate e Milan Entertainment) per un ammontare complessivo di 4.484 migliaia di euro[67].

---

[7] Milan Real Estate s.p.a. e Milan Entertainment s.r.l. sono due imprese controllate dalla società AC Milan entrate a far parte del gruppo la prima nel 2004 la seconda nel 2005 .La società Milan Real Estate s.p.a. ha per oggetto lo sviluppo di iniziative nel settore immobiliare,mentre Milan Entertainment s.r.l. ha per oggetto immobilizzazioni immateriali,contratti personale,crediti e debiti;

PASSIVO

PATRIMONIO NETTO

Per quel che riguarda il "Patrimonio **Netto** "dell'AC Milan nell' esercizio 2006 c'è da dire che il capitale è interamente sottoscritto e versato, ed è suddiviso in 48.000.000 di azioni ordinarie del valore di 0,52 euro cadauna (24.960.000 migliaia di euro complessivamente).
Come si può poi facilmente evidenziare dal prospetto l'utile al termine del 2006 ammonta a complessivi 2.477.791,06 euro. A differenza dell'utile al 31 dicembre del 2005 che era stimato a 4.582.000 euro.

L'analisi delle variazioni avvenute nei conti del patrimonio netto è esposta nel seguente prospetto:

	Capitale Sociale	Riserve	Utile/ Perdite	Totale
Patrimonio netto al 31/12/2004	24.960	50.995	(28.539)	**47.416**
Deliba. 28/04/2005				
- Ripiana. Perdita	0	(28.539)	28.539	**0**
Esercizio 2004				
Risultato 01/01/2005 - 31/12/2005	0	0	(4.582)	**(4.582)**
Verso. Soci c/ capitale	0	30.800	0	**30.800**
Patrimonio netto al 31/12/2005	24.960	53.256	(4.582)	**73.634**
Deliba. 27/04/2006				
- Ripiana. Perdita	0	(4.582)	4.582	**0**
Esercizio 2005				
Risultato 01/01/2006 - 31/12/2006	0	0	2.478	**2.478**
Verso. Soci c/ capitale	0	1.464	0	**1.464**
Patrimonio netto al 31/12/2006	24.960	50.138	2.478	**77.576**

Il totale del patrimonio netto al 31 dic. 2006 chiude con un valore di 77.575.828 euro rispetto a quello del 2005 con un incremento pari a 3.941.792 migliaia di euro.

DEBITI

Per quanto riguarda la voce" **Debiti** "nello stato patrimoniale, possiamo verificare che al totale vi è un netto incremento dei debiti al 31 dic. 2006 pari a 46.392 migliaia di euro.
L'ammontare più significativo è sicuramente quello relativo ai *debiti verso le banche* che ammontano complessivamente a 95.702 migliaia di euro (89.087 migliaia di euro al 31 dic. 2005) e ai debiti verso le società del gruppo (imprese controllate, collegate e controllanti) che ammontano al 31 dic. 2006 e al 31 dic. 2005 rispettivamente a 47.547 migliaia di euro e 17.062 migliaia di euro.

	31/12/2006	31/12/2005
Debiti verso Soci per Finanziamenti	10.996	12.034
Debiti verso Banche	95.702	89.087
Debiti verso Altri Finanziatori	36.537	33.701
Debiti verso fornitori	22.931	21.690
Debiti verso Imprese controllate	42.786	13.178
Debiti verso Imprese consociate	345	212
Debiti verso controllante	4.416	3.636
Debiti tributari	19.815	17.116
Debiti verso Istituti di previdenza e sicurezza sociale	225	252
Debiti per compartecipazioni	8.250	9.250
Debiti verso Enti settore specifico	33.922	29.555
Altri debiti	13.779	13.601
Totale	**289.704**	**243.312**

- *Debiti verso soci per finanziamenti*: Ammontano complessivamente a 10.996 migliaia di euro (12.034 migliaia di euro al 31 dicembre 2005) e fanno riferimento a finanziamenti a titolo oneroso concessi dalla controllante Fininvest S.p.A. alle normali condizioni di mercato.

- *Debiti verso Banche*: Ammontano complessivamente a 95.702 migliaia di euro (89.087 migliaia di euro al 31 dicembre 2005) e comprendono l'importo di 761 migliaia di euro riguardante la quota di mutuo da rimborsare all'Istituto del Credito Sportivo. L'ammontare restante si riferisce alla normale operatività con il sistema bancario.

- *Debiti verso altri Finanziatori*: L'importo pari a 36.537 migliaia di euro (33.701 migliaia di euro al 31 dicembre 2005) si riferisce a debiti verso società di factoring per anticipazioni di crediti futuri in riferimento a contratti di natura commerciale.

- *Debiti verso le società del gruppo (controllate, consociate e controllante):* In questo caso i debiti ammontano a circa 47.547 migliaia di euro. Possono essere riassunti in questo modo:

	Natura Commerciale	Natura Finanziaria
Imprese Controllante		
Fininvest	198	4.218
Imprese Controllate		
Milan Real Estate	4.471	0
Milan Entertainment	1.962	36.353
Imprese Consociate		
Alba Servizi	8	0
Albacom	155	0
Arnoldo Mondadori Editori	3	0
Fininvest Gestione Servizi	109	0
Il Teatro Manzoni	0	0
Mediaset	55	0
R.T.I.	15	0
Totale	**6.976**	**40.571**

Il debito finanziario verso Milan Entertainment S.r.l., pari a 36.353 migliaia di euro, deriva dall'attività di tesoreria svolta da A.C. Milan formalizzata nel maggio 2006 attraverso un contratto di conto corrente finanziario di corrispondenza intercompany.

- *Debiti Tributari:* ammontano come possiamo verificare dalla tabella a 19.815 migliaia di euro e sono costituiti principalmente dai debiti i.r.p.e.f. per i dipendenti e i tesserati che ammontano a 13.445 migliaia di euro e dai debiti per imposte correnti per un valore di 6.034 migliaia di euro che si riferisce al debito relativo all'IRAP per l'esercizio 2006;

- *Debiti per Compartecipazioni:* Ammontano al 31 dicembre 2006 a 8.250 migliaia di euro (9.250 migliaia di euro al 31 dicembre 2005) e si riferiscono al valore della partecipazione al 50% del diritto alle prestazioni dei calciatori;

- *Debiti verso enti-settore specifico:* Al 31 dicembre 2006 e al 31 dicembre 2005 ammontano rispettivamente a 33.922 migliaia di euro e 29.555 migliaia di euro. Risultano essere così composti:
  1. Debito verso la Lega Nazionale Professionisti di 15.634 migliaia di euro che rappresenta il saldo della campagna trasferimenti 2006/2007 al 31 dicembre 2006 ed il residuo;
  2. Debito verso società di calcio estere pari a 14.667 migliaia di euro (per l'acquisto di calciatori)[68];
  3. Debito verso le altre società di calcio per le quote di mutualità relative ai proventi da licenza dei diritti televisivi e altri è pari a 3.507 migliaia di euro;

---

[68] Fanno riferimento all'acquisto di calciatori quali: Ricardo de Oliveira (del Betis Siviglia), Yohann Gurcouff (del Rennes F.C.);

RATEI E RISCONTI PASSIVI

Trattasi di accantonamenti relativi a spese di competenza dell'esercizio e del differimento di ricavi di competenza del prossimo esercizio.

I ratei passivi ammontano a 1.804 migliaia di euro (1.925 al 31 dic. 2005). La voce risconti passivi si riferisce sostanzialmente alla fatturazione anticipata dei diritti televisivi della stagione 2006/2007 e della campagna abbonamenti campionato e Champions League 2006/2007 incassata al 31 dic. 2006 e di competenza del bilancio 01 gen. 2007-30 giugno 2007.

ANALISI DELLE VOCI DEL CONTO ECONOMICO

VALORE DELLA PRODUZIONE

Il valore complessivo della produzione al 31 dic. 2006 è pari 293.107 migliaia di euro (236.229 migliaia di euro al 31 dic. 2005). suddivisi [69]:

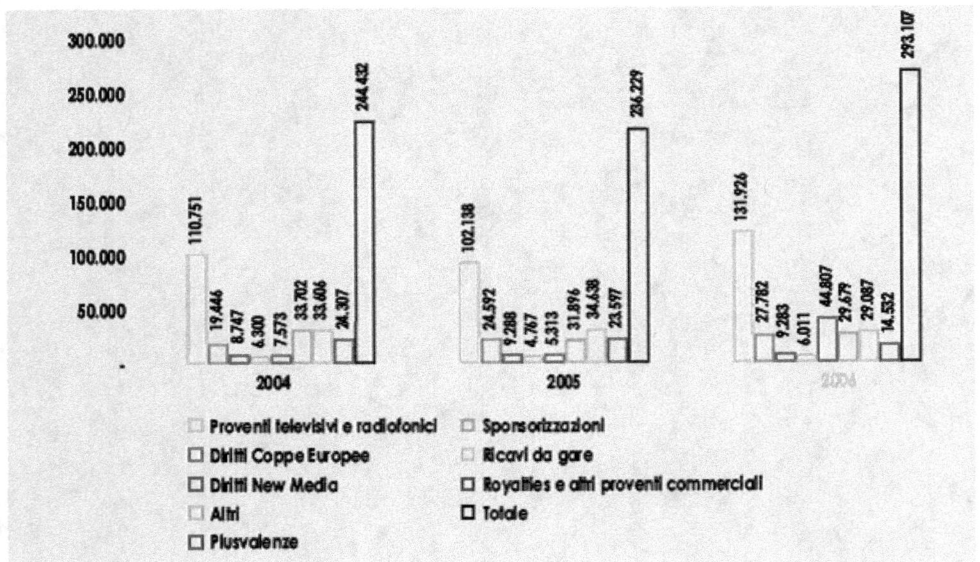

I) Ricavi delle vendite e delle prestazioni:

Questi si riferiscono ai ricavi conseguiti dalla vendita dei biglietti e degli abbonamenti per assistere agli incontri della prima squadra, relativi alle gare di Campionato, alle gare di Coppa Italia ed agli incontri Internazionali.
Nell 'esercizio 2006 ammontano a circa 32.327 migliaia di euro mentre al 31/12/2005 sono pari a circa 37.710 migliaia di euro con una variazione negativa di circa 5.383 migliaia di euro.

II) Altri ricavi e proventi:

Questa voce fa riferimento ad entrate relative:

- Proventi da sponsorizzazioni, pubblicitari, commerciali e royalties;
- Proventi sui diritti televisivi relativi al Campionato e alle competizioni U.E.F.A.;
- Proventi editoriali, radiofonici e telefonici;
- Plusvalenze da cessione dei diritti pluriennali alle prestazioni dei calciatori;

Al termine dell'esercizio 2006 questa voce presenta un ammontare di circa 260.780 migliaia di euro a differenza di quella del 2005 che corrispondeva a 198.518 migliaia di euro con una variazione di ben 62.262 migliaia di euro

---

[69] Le voci del valore della produzione sono riportate nel Conto Economico rappresentato precedentemente;

TOTALE VALORE DELLA PRODUZIONE

Esercizio 2006	Esercizio 2005	Variazione
32.327.054	37.710.262	(- 5.383.208)
260.779.917	198.518.365	(+ 62.261.552)
Totale 293.106.971	236.228.627	(+ 56.878.344)

COSTI DELLA PRODUZIONE

I costi della produzione al 31 dic. 2006 ammontano a 261.570 migliaia di euro (257.938 migliaia di euro al 31 dic. 2005, con una differenza di 3.632.302 euro):

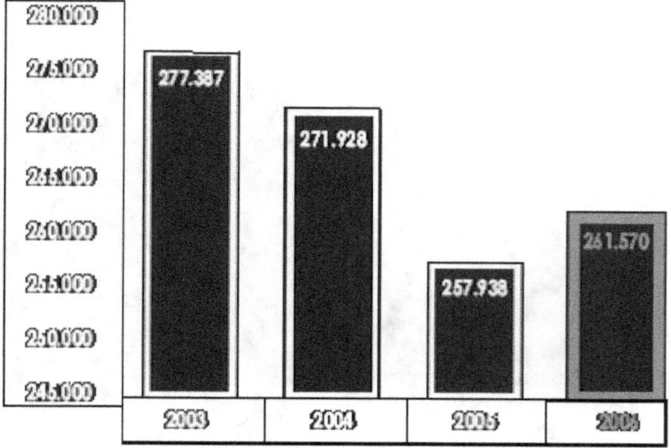

Risultano essere così suddivisi:

esercizio 2006
(valori in €)

- costi per acquisto materiale e consumo merci	2.578.499
- costi per prestazioni di servizi	47.007.498
- costi per godimento beni di terzi	12.800.767
- costi per il personale	132.859.465
- ammortamenti e svalutazioni	26.485.946
- oneri diversi di gestione	39.768.615

totale 261.570.368

DIFFERENZA TRA VALORI E COSTI DELLA PRODUZIONE

Analizzando questa voce possiamo tranquillamente affermare che il bilancio d'esercizio del 2006 dell'AC Milan S.P.A. è stato chiuso positivamente, in quanto:

	Esercizio 2006	**Esercizio 2005**
Val. Pro.	293.106.971	236.228.627
Cos. Pro.	261.570.368	257.938.066
totale	31.563.603	- 21.709.439

PROVENTI ED ONERI FINANZIARI

I proventi e gli oneri finanziari sono pari a 8.025 migliaia di euro (4.023 migliaia di euro nell'esercizio del 2005, con una differenza di 4.002 migliaia di euro).

La voce "altri proventi finanziari "è composta da:
- interessi attivi bancari;
- altri interessi;
- Proventi da compartecipazioni ex art. 102 bis NOIF;

Gli "intessi passivi ed altri oneri finanziari "sono composti da:
- interessi/oneri verso imprese controllate;
- interessi/oneri verso imprese controllanti;
- altri oneri finanziari;
- Oneri da compartecipazione *ex* art. 102 *bis* N.O.I.F.;

Gli **"oneri ed i proventi finanziari"** risultano al 31/12/2006 essere così composti:

	Esercizio 2006
- altri proventi finanziari	- 771.424
- interessi passivi ed altri oneri finanziari	8.796.251
- utili e perdite su cambi	696
Totale	8.025.433

UTILE (PERDITA) D'ESERCIZIO

Nell'esercizio 2006 si è riscontrato un utile di 2.477.791,06 euro (a differenza di quello al 31/12/2005 dove si era riscontrata una perdita di 4.582.000 euro).

BIBLIOGRAFIA

TESTI

- Ascani F.B., 2003: "Management e gestione dello sport", Sperling & Kupfer Editori;
- Brunelli, Basile, Cazzulo: "Le società di calcio professionistiche" ed. Buffetti;
- BRAGHERO M., PERFUMO S., RAVANO F., "Per sport e per business: è tutto parte del gioco "Franco Angeli Editori;
- CAVALIERI E., FERRARIS FRANCESCHI R. 2005: "Economia Aziendale vol. I: attività aziendale e processi produttivi ", Giappichelli Editore - Torino;
- CAVALIERI E., RANALLI F.:" Economia Aziendale vol. II aree funzionali e governo aziendale ", Giappichelli Editore - Torino;
- CHERUBINI S., CANIGIANI M., 2001: "Campioni e co-marketing sportivo "Franco Angeli Editori;
- FERRARA M., 2003:" L'organizzazione dello sport ", Giappichelli Editore - Torino;
- PIANTONI G., 1999:" Lo sport tra agonismo, business e spettacolo", ETAS Editori;
- RIGAUER BERO: "The Sport Process ".
- RUBINO F., 2004:" Un approccio manageriale alla gestione delle società di calcio" Franco Angeli Editori;
- SCIARELLI S., 2004: "Fondamenti di economia e gestione delle imprese", CEDAM Editori;
- TANZI, "Le società calcistiche implicazioni economiche di un gioco ", Giappichelli Editore - Torino;

DISPENSE

- Dispense: "Gli impianti sportivi in Italia" a cura di Cnel e del ministero dei Beni culturali;
- Dispense: "Metodi e didattica delle attività sportive ", Prof Campani P., Università degli studi di Teramo, 2007;
- Dispense: "Il progetto politico dell'olimpismo "De Coubertin Pierre, Università degli studi di Teramo, 2007;
- Dispense: "Regolamento di amministrazione e contabilità "FIGC, pubblicato a Roma il 5 giugno 2003;
- Dispense dal: "Corso per direttori sportivi ", Centro Tecnico di Coverciano, 2000;
- Dispense dal: "Master in management delle organizzazioni sportive ", Università degli studi di San Marino, 2005;
- Martinelli G., Clericuzio R., "aspetti fiscali del contratto di sponsorizzazione sportiva", in Rivista di Diritto Sportivo, 1994;
- Beccarini, Daino, Madiella," i dirigenti sportivi e le associazioni sportive volontarie in Italia";
- Insinga Filippo: "Economia e Gestione delle aziende sportive ", Milano - 2006;
- Cassaro M. "il merchandising, il vero nemico è la pirateria", in "il sole 24 ore ";
- Piani P., Tacconi G.," Struttura organizzativa dei club calcistici professionistici in Italia ";

LEGISLAZIONE

- Legge 23 marzo 1981, n. 91: "norme in materia di rapporti tra società e sportivi professionisti come modificate dalla legge 18-10-1996, n. 586 ";

- D.L. 17 maggio 1996, n. 272 (non convertito): "Disposizioni urgenti per le società sportive" (G.U. 18 maggio 1996, n. 115);

- D.L. 22 luglio 1996, n. 383 (non convertito): "Disposizioni urgenti per le società di diritto professionistiche" (G.U. 22 luglio 1996, n. 170);

- Sentenza della Corte nella causa C-415/93 c.d. "Sentenza Bosman ";

- D.L. 20 settembre 1996, n. 485: "Disposizioni urgenti per le società sportive professionistiche" (G.U. 21 settembre 1996, n.222);

- L. 18 novembre 1996, n. 586 (G.U. 20 novembre 1996, n. 272);

- Decreto Legislativo 23/07/19 99, n°242:" Riordino del comitato olimpico nazionale italiano –CONI, a norma dell'art. 11 della legge 15/03/1997, n°59" (G.U. 29-7-1999, n. 176);

- Articolo 2120 c.c. "Disciplina del trattamento di fine rapporto", Libro Quinto del lavoro - Titolo II del lavoro nell' impresa;

- Articoli dal 2423 al 2435 c.c.   Libro Quinto del lavoro -Titolo V delle società –Capo V della società per azioni - Sezione IX del bilancio;

INDIRIZZI WEB

- www.acmilan.it
- www.calciatori.com
- www.camera.it
- www.CONI.it
- www.consob.it
- www.consulenzasportiva.it
- www.eose.org
- www.ilsole24ore.com
- www.inter.it
- www.FIFA.com
- www.figc.it
- www.finanza.com
- www.gazzetta.it
- www.juventus.com
- www.lega-calcio.it
- www.money24.ilsole24ore.com
- www.repubblica.it
- www.sslazio.it
- www.UEFA.com
- www.stageup.it
- www.wikipedia.it